本书获得

浙江省第三期“之江青年社科学者行动计划”（G318）

资　助

Analysis of Click Stream
Data and Consumer
Behavior Research

网络点击流数据分析与消费者行为研究

卢红旭　刘艳彬 ——— 著

ZHEJIANG UNIVERSITY PRESS
浙江大学出版社

前　言

随着互联网作为信息来源、市场交易以及社交平台功能的日益普及，越来越多的学者开始聚焦于网络用户在线行为及其影响因素的分析与预测。在实业界，鉴于在线业务竞争环境的复杂性，全面了解网络用户的在线行为成为网站及其在线业务获得成功的必要条件。与此同时，相关监管机构和团体出于监控或保护用户免受潜在有害行为的影响的目的，也对网络用户在线行为分析表现出了浓厚的兴趣。与传统媒体和商业情境不同，互联网使得快速收集有关网络用户在线个人活动的详细信息成为可能，有关网络用户在线活动的记录被称为“点击流数据”。在实际应用中，数据分析者可用的点击流数据往往在网络用户活动细节和活动范围上存在一定的差异，而此类数据的这一特点既为数据分析者提供了研究机会，同时也带来了一定的研究挑战。与此同时，点击流数据是网络用户在不受人为干扰的环境下收集的，这为研究者和从业者提供了更好地了解个体行为和选择的丰富资源。

点击流是基于互联网的大数据，针对点击流数据的研究带动了一种新的研究潮流，不仅在多个学术领域，而且在多个实践领域，点击流都成为大家关注的热点。点击流数据揭示了消费者网上冲浪行为的特点，点击流数据分析有利于理解消费者行为，改善网页设计，并为决策提供支持。

本书基于点击流数据对消费者行为进行了系统的研究，主要内容集中在以下几个方面。

第一，系统概括和论述目前基于点击流数据网络消费者行为的研究之现状和趋势。本书第一章对 2002—2018 年基于点击流数据的关键研究和发展进行了全面的回顾，同时也对使用点击流数据进行研究的机会和挑战进行了深入的讨论。需要明确的是，本书关注的是市场营销领域基于网站运营而自然产生的点击流数据的研究，那些通过实验室或田野实验获取的电子记录类数据并未纳入本书的研究范围。具体包括：①点击流数据的概念、数据来源和主要研究问题；②点击流数据与网络消费者行为研究；③点击流数据研究的机会与挑战；④对 2002—2018 年点击流数据研究的梳理。

第二，开发了基于点击流的网站忠诚的测量方法。本书第二章中首先回顾了品牌忠诚的概念，并根据网络环境的特点明确界定了“网站忠诚”的概念，在此基础上根据传统品牌忠诚的测量方法设计了一个在理论上和实践上都有价值的测量网站市场表现的方法，为网站管理者测量网站的市场表现和监测网站的市场运行状况提供了一个有价值的工具。

第三，基于点击流数据分析了网站黏性与消费者购买行为的关系。随着手机上网用户规模的不断扩大，移动互联网已经成为人们获取信息、进行交易以及社会交往的重要工具，因此对网民的上网行为进行研究，获得衡量移动互联网网站与内容提供商成功与否的标准就变得尤为重要。本书第三章通过由无线应用通信协议（wireless application protocol，WAP）网站所提供的手机用户上网点击流数据研究了网站黏性与购买量之间的关系。研究结果表明，网站黏性的三个方面（访问频率、访问持续时间和访问深度）与购买量之间存在显著的正相关关系。

第四，基于点击流数据构建消费者网站访问行为的演化模型。自从互联网成为商业行为与信息传递的有效媒体，学者们就开始广泛地关注网民的网络访问行为，以期获得衡量网络零售商与内容提供商成功与否的指标。但在学术界，由于学者们难以获得相关的访问与交易数据，目前基于点击流数据对网民访问行为的研究还不是非常深入。特别是基于手机点击流数据对手机用户网络访问行为的研究还很少，从而导致移动互联网网站或内容提供商在进行网站绩效衡量时缺乏相应的理论指导与支持。本书第四章通过由 WAP 网站所提供的手机用户上网点击流数据来研究访问者的访问模式，以识别出对移动互联网内容提供商最有价值的顾客，为其市场细分策略提供指导与支持。

第五，回顾并梳理了双边市场的定义，以团购平台为例说明了点击流数据对平台管理者的使用价值。本书第五章首先系统回顾了关于双边市场的定义，并在此基础上对双边市场的定义进行了解读，以便区分哪些平台属于双边市场，哪些平台不属于双边市场。同时，以来自某大型旅游网站团购平台的点击流数据为研究对象，以管理者视角分析双边市场产品供应商（平台商户）市场和消费者市场的结构和现状，来说明点击流数据在网络平台管理过程中的实际用途。

第六，定义了网络平台撮合效率的概念以及测量指标，并分析了折扣水平对撮合过程的影响。本书第六章通过对国内某大型旅游网站团购平台的运营数据的整理、分析和挖掘，界定了撮合效率的概念，作为全面检测网络团购平台运营效率的指标，同时根据撮合过程的特点，定义了撮合过程各阶段的转化率指标，包括点击率、点击—订单转化率和订单—支付转化率，并分析了折扣水平对撮合效率以及撮合过程各阶段转化率的影响。结果显示，产品的折扣水平对团购平台撮合效率以及撮合过程各阶段转化率均具有显著的负向影响。本书对网络团购平台撮合效率的定义及分析弥补了网站运营效率测量领域的不足，具有一定的理论创新意义和实际应用价值。

第七，对网络平台中广告点击率的影响因素进行了实证分析。网络团购市场的高速增长在给团购平台带来机遇的同时也带来一定的挑战，获得稳定的客户群已经成为团购平台实现长远发展的关键。团购平台要形成稳定的客户群，必须提高团购平台产品广告的点击率（CTR）。本书第七章通过与国内某大型旅游网站团购平台进行合作，对团购产品点击率影响因素进行实证分析，分析结果显示，时间压力、产品的折扣水平、产品的价格信息、产品的具体信息均会对产品的点击率产生显著的影响。

第八，对网络平台中产品折扣、时间压力、广告效果对消费者产品购买的影响进行了实证分析。本书第八章使用了国内某大型旅游网站团购平台的点击流数据，对团购产品购买量影响因素进行了实证分析，分析结果显示：产品折扣、时间压力、广告效果均会对产品购买量产生显著的影响。

本书共分八章，每一章对应阐述上述一部分研究内容，第一章内容由卢红旭博士撰写，第二章至第八章内容则由刘艳彬副教授撰写。

目 录

第一章 绪 论 ······ 1

第一节 点击流数据概述 ······ 3

第二节 点击流数据与网络消费者行为研究 ······ 7

第三节 基于点击流数据分析的研究机会与挑战 ······ 21

第四节 本章小结 ······ 30

第二章 基于点击流数据的网站忠诚测量 ······ 39

第一节 引 言 ······ 41

第二节 网站忠诚的界定 ······ 42

第三节 网站忠诚的测量 ······ 43

第四节 本章小结 ······ 47

第三章 基于点击流数据的网站黏性与购买量关系分析 ······ 49

第一节 引 言 ······ 51

第二节 文献回顾 ······ 52

第三节 研究方法 ······ 54

第四节 研究结果 ······ 58

第五节 本章小结 ······ 59

第四章 基于点击流数据的网络访问行为分析 ······ 61

第一节 引 言 ······ 63

第二节 文献回顾 …… 63
第三节 研究模型与数据 …… 65
第四节 模型检验 …… 68
第五节 本章小结 …… 70

第五章 案例:双边市场中消费者行为分析 …… 73

第一节 引 言 …… 75
第二节 双边市场的定义 …… 76
第三节 双边市场的点击流数据分析案例——以网络团购平台为例 …… 81
第四节 本章小结 …… 101

第六章 团购平台中撮合效率的概念与测量 …… 103

第一节 引 言 …… 105
第二节 文献回顾 …… 106
第三节 数据与方法 …… 109
第四节 撮合效率的定义及测量 …… 111
第五节 折扣水平对撮合效率的影响分析 …… 113
第六节 本章小结 …… 118

第七章 团购平台中广告点击率影响因素的分析 …… 119

第一节 引 言 …… 121
第二节 文献回顾 …… 122
第三节 数据与方法 …… 123
第四节 数据分析 …… 125
第五节 本章小结 …… 130

第八章 团购平台中产品折扣、时间压力、广告效果对产品购买影响的分析 …… 133

第一节 引 言 …… 135
第二节 文献回顾 …… 136
第三节 数据与方法 …… 138

第四节　数据分析……………………………………………… 140
第五节　本章小结……………………………………………… 144

参考文献……………………………………………………… 145

后　记………………………………………………………… 161

第一章
绪　论

本章简介：本章对2002—2018年基于点击流数据的研究进行了全面回顾，同时也对使用点击流数据进行研究的优势、挑战和未来的研究机会进行了深入的讨论。具体而言，本章的主要内容包括：①系统梳理了点击流数据的概念、数据来源和主要研究问题；②剖析了点击流数据与网络消费者行为的研究现状；③提出了点击流数据研究所面临的机遇与挑战；④对2002—2018年基于点击流数据的重要研究进行了梳理与概述。

第一节 点击流数据概述

一、点击流数据相关概念

"点击流数据"是指用户在互联网上活动的电子记录数据。"点击流"一词指明了访问者在一个或多个网站的路径，这一路径可以反映出访问者在一个网站内（例如访问了哪些网页、停留了多长时间、是否进行了在线购买）和不同网站间（如访问了哪些网站以及访问页面的顺序）的一系列选择。点击流数据的规模通常非常大。

点击流数据中的关键观察单位是页面视图，即用户在某一网站页面的曝光记录。从技术角度看，用户的访问涉及网站服务器对"页面视图"的多次"击中"，这表明各种页面元素是在用户浏览网站之前就已经下载好的。在许多情况下，点击流数据会自动从点击页面汇总到浏览页面，但在其他情况下（例如，原始服务器日志文件），数据分析者可能需要进行数据的汇总。

"点击流数据集"则包括关于网络用户参与的新闻组信息、点击横幅广告的信息、在线拍卖中执行的出价顺序信息，以及在线购买的产品和服务信息等。

二、点击流数据的来源

一般而言，点击流数据有两个获取渠道。其中一个渠道是网站所有者掌握的服务器日志文件，该文件记录了访问者访问网站时计算机和服务器之间传输的所有请求和信息。另外一个渠道是面板数据（例如，通过comScore、NetRatings 和 MediaMetrix 提供），获取网页使用期间所有页面的统一资源定位器（URL）数据，并将这些信息由使用者的计算机转化为供应商的面板数据。此外，点击流数据也可以由用户的互联网服务提供商（internet service provider，ISP）收集，当用户请求网页时，ISP 会记录这些请求，由此形成点击流数据的另一种来源。面板数据也能详细记录个体的人口统计信息，但这些数据缺乏用户和服务商之间互动的详细数据，而网站服务商日志文件则包含此类数据。上述两种数据来源都包含了访问者的IP 地址、所使用的浏览器、时间戳（unix timestamp）、以前访问的 URL，尽管这些数据来源无法提供很多有趣的信息，但是点击流数据所提供的数据的详细程度已经远远超过了扫描面板数据，而在营销学界，自 20 世纪 80 年代早期开始就一直用扫描面板数据构建和测试消费者选择模型。

1. 以网站为中心的点击流数据来源

点击流数据可以通过多种方式获得。网站或代理网站维护的服务器详细地记录了服务器和用户计算机之间传输的所有请求和信息。由于这些数据是由单个网站收集的，因此被称为“以网站为中心的点击流数据”。以网站为中心的点击流数据的优点是可以提供访问者在与特定网站互动时所有操作的详细信息，而此类数据的主要缺点是缺少网站用户在其他网站上的活动信息和网站用户详细信息。网站服务器日志文件可以记录网站访问者的 Cookie ID 和 IP 地址，允许网站识别唯一用户和用户回访行为。虽然有学者指出使用 Cookie ID 信息并不可靠，但 Drèze 和 Zufryden（1998）的早期研究表明，在实践中使用此类数据是相对可靠的。与传统零售的线下情境相类比，以网站为中心的点击流数据类似于从商店的注册收据或购物者会员卡中捕获的数据，它们仅揭示了用户在网站（或商店）的行为，其他行为并未包含在内。

2. 以用户为中心的点击流数据来源

点击流数据的另一个来源是类似于 comScore 和 NetRatings 的辛迪加

网络面板数据提供者。网络面板数据提供者的点击流数据是由用户计算机传送的，而用户计算机中的点击流数据则是通过其所捕获 Web 使用期间请求的所有页面的 URL 来获取的。点击流数据也可以通过用户的 ISP、Java Applet 或下载到用户计算机的 JavaScript 代码收集。在此情境下，网络用户在线进行任何活动时，ISP、Java Applet 或 JavaScript 代码都可以将其记录下来，从而创建另一个面板点击流数据源。所有这些点击流数据来源都称为"以用户为中心的点击流数据"，与线下情况相类似的是消费者的商品统一代码(universal product code，UPC)扫描面板数据。

以用户为中心的面板数据具有将网络用户的跨网站行为与每个网络用户信息相匹配的优势，同时这类数据在建模和网站管理中具有潜在的优势(Padmanabhan，Zheng，Kimbrough，2001)。当然，以用户为中心的点击流数据也有一定的局限性，且很多局限性都与潜在的抽样问题有关。尽管辛迪加数据供应商拥有大量小组成员，ISP 跟踪的小组成员也很多(超过 100 万用户)，但在分析单个网站上的活动时可能出现样本量过少的问题。这是因为如果站点的流量较低，或者进行电子商务分析时访问转换率非常低，那么观察量就可能会很小。面板样本的代表性以及面板内样本的流失，同样会产生潜在的与样本相关的问题。此外，对用户网络行为的分析往往是计算机层面的追踪。当面板内成员使用多台计算机或多人使用同一台计算机时，那么在个体层面上分析用户的网络行为就会遇到挑战。虽然以网站为中心的数据具备完全覆盖网站内用户活动的优势，但是除非网站强制用户注册或登录，否则这些数据也会受到计算机与用户匹配问题的影响。

除了采样方法，以用户为中心的点击流数据与以网站为中心的点击流数据的另一个区别是其捕获的有关每个页面视图信息的详细程度不同。例如，在以用户为中心的点击流数据中，对应于页面请求的 URL 经常被截断，导致记录在用户中心面板中的信息与在网站上发生的特定页面内容或活动(如购买行为或向购物车添加项目)很难匹配。因此，研究人员和操作人员在决定如何进行评估时需要平衡每种点击流数据来源的优缺点。

除了上述两种数据来源外，点击流数据也可以在实验室环境中收集，如记录受试者在实验室或现场的行为(Birnbaum，1999；McGraw，Tew，Williams，2000；Mandel，Johnson，2002；Moe，2003)。在本书的研究中，主要讨论的是从网站服务器的自然操作中收集的点击流数据(或是辛迪加第三方记录的数据)。

无论数据来源为何，点击流数据都会跟踪在线用户的活动，并记录每个用户在浏览网页时留下的踪迹。通常，原始点击流数据包含的变量包括计算机或个人的标识（如 Cookie ID、IP 地址或用户名）、使用的浏览器类型、请求的页面或点击的横幅、每个活动的时间、访问前的 URL 以及在服务器和用户计算机之间传输的其他页面特定变量（如关键词）等。

三、基于点击流数据的研究问题

1. 基于点击流数据研究的“旧问题”

点击流数据为过去那些因不可行、太难或获取成本太高等原因而无法研究的问题提供了研究机会，而且这些研究机会并不局限于网络环境（Johnson，2001）。比如，可以应用于传统的商品目录和电话销售业务领域，并将其与标准商业网站进行线上与线下的比较。电子商务网站为传统商业带来了一些优势（如消除了物理空间上的限制），同时也遇到了一些问题（如需要处理大量的数据、有效地测试出最佳刺激、定制商业信息并锁定特定的受众）。点击流数据可以记录消费者在线行为的详细数据（例如观察消费者如何研究某一产品类别或浏览网页版的产品目录），这为研究消费者考虑集的形成（Wu，Rangaswamy，2003）、决策制定过程和阶段建模等提供了研究机会（Moe，2003），高品质点击流数据的应用对于传统商业领域的研究也有所助益。

研究者还可以应用点击流数据来改进测量媒体受众规模和特征的方法。由于点击流数据提供了详细的电子跟踪信息，因此对于互联网媒体和许多形式的传统媒体而言，它们可以获得有关媒体覆盖范围（网站独立访客）和曝光频率（重复访问）等更为准确的数据。但值得关注的是，“以用户为中心”和“以网站为中心”的点击流数据有时会在这方面产生不同的指标（Story，2007），例如访问者数量和页面浏览量这两个指标的差异通常归因于两类数据源的不同采样属性，而消除这些差异本身就是点击流数据的潜在研究内容。

2. 基于点击流数据研究的“新问题”

虽然用“新数据”研究“旧问题”很有意义，但我们认为点击流数据会对互联网领域“新问题”的发现产生极大的影响。而大量的新问题中将包含许多新的研究机会。例如，网站可以通过实时提供与消费者密切相关的信息，来快速响应个体消费者的行为。在查看网站最新数据后，网站可以创建并发布动态的横幅广告，例如，将特定用户所在位置的当前最佳旅行优惠信息推送给该用户。网站也可以限制每位用户所看到的特定横幅广告的曝光次数。

点击流数据中所提供的与消费者互动的详细信息，需要网站进行精准的定位操作。例如，在线产品推荐就是基于协同过滤技术来实现的，因为当消费者搜索特定产品时，这些信息就被网站不着痕迹地收集和处理了。而其他依赖于个人参数以及个人参数估计的定制化服务，也只能通过网站收集的详细点击流数据来实现。

虽然点击流数据不能为研究人员和从业人员提供其需要的每个细节的信息，但点击流数据所提供的信息已经远远超过了从 20 世纪 80 年代早期以来开发和测试选择模型中所使用的扫描面板数据（Bucklin，Lattin，Ansari et al.，2002）。虽然扫描面板数据提供了帮助用户做出购买决策的信息，但点击流数据可以提供用户的购买路径信息，研究人员掌握这些信息后，就能够从更多方面对消费者的搜索和购买行为进行研究。同时，正是由于包含这样丰富的信息，所以点击流数据集变得更加庞大，这就要求研究人员将网络用户的在线行为组织成合理的分析单位。点击流数据处理和分析上的这些困难，可能会使相关研究的进展速度放缓，但同样也使研究机会更加丰富多样。

第二节 点击流数据与网络消费者行为研究

在营销学领域已有大量关于互联网的研究，但基于点击流数据的消费者行为研究还很少。点击流数据详细记录了用户的网络使用行为，研究者可以使用点击流数据进行如下三种类型的研究：①使用点击流数据研究网站用户如何浏览新媒体，主要包括对网站浏览行为、网站选择行为以及跨网站搜索范围和搜索性质等方面的研究；②使用点击流数据研究在线广告的宣传策略，主要包括对横幅广告、付费搜索和电子邮件广告的研究；③使用点击流数据研究用户如何进行在线购物和对在线购物行为进行预测，主要包括对购买转换率、购前任务完成、考虑集和在线拍卖等方面的研究。

表 1-1 网络选择应用的分类

	网站内	网站间
搜寻	网站浏览和站内导航	网站选择
购买	电子商务和推荐系统	比价代理系统

资料来源：Bucklin，Lattin，Ansari et al.（2002）.

一、网站浏览和站内导航

研究人员可以使用点击流数据研究用户的网站浏览或站内导航行为，借以分析网络用户是如何响应网站设计和结构的，以及用户是如何从一个站点移动到另一个站点的。用户站内导航选择行为包括用户浏览网页的数量、浏览单个网页（或整个网站）所花费的时间、在某一给定网页决定继续停留或退出网站的决定、继续点击某一链接或浏览某一网页的选择等。用户的这些选择行为都是以其发生了站点访问为前提的（即基于用户已经到达的前提），因此用户这些选择行为可以体现出网站的吸引力或黏性，同时也能体现出网站管理者通过横幅广告或其他与曝光率有关的工具（如背弹式广告或弹出式广告）增加网站收入的能力。

目前已发表的相关研究中，Huberman 等（1998）最早将选择理论应用于站内导航决策的研究，该研究认为，“新增一个网页浏览所产生的效用等于现在网页所产生的效用加上一个正态分布误差”。基于这一假设，该研究指出，“用户在一个网站上发出的所有页面请求服从逆向高斯分布”。该模型很好地拟合了网站所收集的截面点击流数据，但是模型并不能预测单个用户的行为，也不包含任何协变量。

用户站内导航选择决策的一个结果是浏览网页的总数量，另外一个结果则是用户在一个网站上所花费的总时间，即访问持续时间。Johnson、Bellman 和 Lohse（2003）将用户在单个网站上访问的持续时间建模为“用户在给定网站重复访问次数的函数”，并且基于认知科学提出了“幂法则”，即访问持续时间会随着重复访问的幂函数而下降。该模型在数学上类似于学习曲线或经验曲线。Johnson、Bellman 和 Lohse（2003）使用 MediaMetrix 面板数据测试了其研究模型，并且发现用户访问网站的次数越多，在每次访问上花费的时间就越少。这一研究发现表明，用户学习会对其网站导航选择决策产生影响。

Bucklin 和 Sismeiro (2003)提出了网站浏览行为模型，该模型将用户网站网页浏览和访问持续时间两个变量包含在内。该模型使用二元 Probit 模型来模拟用户在每个页面停留或退出的决策，此外还使用比例风险模型来预测用户浏览每个网页的持续时间。基于来自服务器日志文件的点击流数据的研究发现，访问者留在某个网站的倾向会动态变化，而且是网站访问深度和网站重复访问次数的函数。具体而言，用户重复访问会使其在每次访问内浏览的页面变少，而访问每个网页的平均持续时间则没有变化。这一研究结果表明，相对于设计更好的页面信息而言，设计更好的网站导航能够让用户产生更好的学习效应。

同时，当用户决定停留在某一网站并请求访问另外一个页面时，网站用户就需要选择点击众多可用链接中的一个，而链接的位置和数量会影响用户对链接的选择。Ansari 和 Mela (2003) 研发了一种以吸引访问者访问网站为目的的定制电子邮件方法，并检验了链接顺序和位置对用户点击概率的影响，尽管这些内置于电子邮件的链接并非网站上的网页链接。

1. 站内浏览、学习和网站设计对用户访问行为的影响

(1)站内浏览

Huberman 等(1998)很早就开始研究点击流数据，其在关于网站浏览行为的研究中提出使用逆向高斯分布函数来表示跨网站访问者的页面请求分布，这个提法源于一个简单的假设，即当用户查看一个新网页的价值超过了其所付出的成本时，那么用户就会在网站上发出一个新的网页申请。该研究结果表明，其所提出的逆向高斯分布函数能够很好地拟合来自几个不同网站的点击流数据所观察到的行为，而且能够有效地预测不同用户的页面请求行为。该研究强调了这样一种观点：成本效益视角可能有助于理解和预测互联网上的个人行为。另外，Huberman 等学者在其研究中考虑到类似于学习效应的影响，因此没有包含任何协变量(营销或其他)效应，而且不允许用户的导航行为随时间发生改变。

(2)学习

Johnson、Bellman 和 Lohse(2003)详细探讨了网站用户通过积累访问经验，更有效地学习如何使用给定网站，其主要发现是访问者在重复访问同一网站时，花费在每个网页上的时间会越来越少。该研究将经验模型应用于从 MediaMetrix 获得的点击流数据，该数据包含网站访问量和访问持续

时间两个变量。他们指出，如果用户访问网站的次数增加一倍，那么用户平均花费在网站上的时间会减少19%。这也表明当用户再次访问网站时，他会更为有效地分配时间，而这可能是他学习了如何浏览网站和熟悉网站内容的结果。

用户在一个网站会话中花费的总时间是页面浏览次数和页面浏览持续时间的函数。那么Johnson、Bellman和Lohse(2003)的研究就有一个问题，即其研究中所说的用户学习或效率提高究竟是源于用户浏览页面数量的减少，还是用户在每个页面浏览时间的减少，或者二者兼而有之，并未明确。Bucklin和Sismeiro(2003)使用汽车网站（以网站为中心）的点击流数据所进行的网页浏览行为研究结果表明，用户以与学习效果一致的方式改变了自身的行为。值得关注的是，该研究发现用户重复访问会导致页面浏览量的减少，但对页面浏览持续时间并没有影响。该研究结果证实了Johnson等人的观点，而且至少说明对于那些被研究的网站而言，用户会话持续时间的缩短是因为其减少了页面浏览的数量，而不是花费在每个浏览页面的时间的缩短。Bucklin和Sismeiro(2009)的研究也提供了证据，即当用户在会话中请求更多页面浏览时，网站对于用户而言便逐渐变得更加具有黏性，并且用户行为与时间限制及成本权衡之间具有一致性。

电子商务网站，追求的往往是用户从访问向购买转换的效率，以期从用户更少的页面浏览或更短的访问持续时间来获利。同时，依赖广告支持的媒体和娱乐网站则可能有不同的目标，这类网站的管理更倾向于寻求用户网页浏览量的最大化，以增加广告用户所投放广告的展示次数。如果网站通过页面浏览来传递广告内容，那么页面浏览量和页面浏览持续时间有时会成为误导网站使用情况的评估指标，此时依靠访问持续时间来衡量网站的使用情况可能更合适。

(3)网站设计

Danaher、Mullarkey和Essegaier(2006)研究了网站用户访问持续时间的影响因素，分析了来自NetRatings用户中心数据集的点击流数据，该数据集涵盖了新西兰固定样本成员访问的前50个网站。该研究发现，网站用户访问持续时间的变化主要受访问情境的影响，而受用户个人的特征或网站本身的基本特征（包括文本、图形、广告内容和功能）影响很小，这些发现与学者们之前认为网络用户的行为会遵循一定的模式，且网站设计会发挥重要作用的研究结论形成了鲜明对比。但该研究结果并未专门用于网站设计的研究，其中一个原因是研究所使用的点击流数据缺少关于网站可视组件的详细信息，而这需要单独收集页面浏览的点击流记录链接到设计和内容元素的信息。例如，Sismeiro 和 Bucklin(2004)用两位独立评委对网站的评级信息来丰富其点击流数据集，这两位评委根据一系列设计特征对每个网站页面进行了分类评价，这些设计特征有望影响访问者对网站的体验(如杂乱、动态的内容，数字展示，链接数和页面大小)。虽然在点击流数据集中增加网站评价信息不失为一种好方法，但另一种更为有效的方法是进行操纵站点设计特征和内容的控制实验，如 Mandel 和 Johnson (2002)、Yoo 和 Kim (2005)，以及 Lam、Chau 和 Wong (2007)等人的研究就采取了这种控制实验的方法。

2. 用户站内浏览模式研究

除了访问持续时间、页面请求和页面浏览持续时间，还可以根据用户浏览记录来识别访问者不同网站使用模式。Moe(2003)使用来自在线零售商的“以网站为中心”的点击流数据，按类型(如主页、产品信息的类型等)对网页进行分类。然后，开发了一系列基于用户的特定的网站使用指标(如页面浏览量、每页平均浏览时间)，并进行了聚类分析。该研究发现，访问者可以有效地选择以下四种浏览策略中的一种：直接购买、搜索/考虑、享乐浏览和知识构建。在有效的用户访问(即不是敷衍了事的访问)中，各类浏览策略下的用户分别占站内访问的 15%(直接购买)、14%(搜索/考虑)、66%(享乐浏览)和 5%(知识构建)。这些策略与网站上用户的不同导航模式以及不同的购买倾向相关联。例如，直接购买组中的用户最有可能进行购买，而知识构建组中的用户最不可能发生购买行为。

浏览行为模式也是建模研究的重点，通过分析来自 MediaMetrix 的“以用户为中心”的点击流数据，将网站上的页面分为几种不同类型(如主页、信息、产品、购物车、订单等)，在此基础上分析用户浏览转换行为，即用户在网页导航中从一种页面类型转向另一种页面类型的行为。对这些转换选择数据进行建模后，他们发现，在考虑和浏览两种模式同时使用的情境下，网站导航行为可以获得更好的解释。实证研究结果表明，较之静态模型，动态模型可以更好地表示站内浏览行为，这表明至少一些用户在站内访问期间改变了他们的目标。

3. 跨网站浏览和搜索行为研究

除了站内浏览行为，许多研究还采用“以用户为中心”的点击流数据来分析研究跨多个网站的浏览和搜索行为。因为“以用户为中心”的点击流数据记录了每个用户对多个网站的访问行为，这使得研究者通过用户在某一网站的行为来预测其在其他竞争网站或互补网站的行为成为可能。Park和Fader(2004)对这一想法进行了实践，他们分析了两个竞争网站上的两类产品(书籍和CD)的MediaMetrix数据，构建了用户跨网站访问行为的随机时间模型，并在模型构建中考虑了竞争网站之间访问行为的潜在相关性。该研究结果表明，用户在访问模式中的行为信息有利于提高对用户在给定网站未来访问行为的预测效果。特别是当用户在访问竞争网站时，该模型可以预测用户何时会首次访问给定网站。

尽管用户在竞争网站之间进行跨网站访问十分常见，但点击流数据研究的一个重要发现是，总体上用户的跨网站访问比例或搜索范围还是比较小的。事实上，基于点击流数据的研究发现，互联网用户的网站忠诚度相对较高，并且用户网站转换成本也很高。Johnson、Moe和Fader等(2004)的研究分析了10000多个互联网家庭的图书、光盘和航空旅行服务等产品购买行为的点击流面板数据。其研究结果表明，家庭在特定的购物时间段内只会搜索极少数的网站，70%的CD和图书的购买家庭只忠诚于一个网站，航空旅行服务的购买者亦是如此。Smith和Brynjolfsson(2001)对互联网价格比较服务(“比价代理系统”)的数据研究也证实了这一发现，其研究结果表明，在比价代理系统情境下，三个拥有品牌最多的在线图书零售商具有显著的价格优势和更高的点击量。

另外几项研究进一步证明了在线用户具有较高的转换成本。Goldfarb(2002)利用来自Foveon的点击流面板数据，将Guadagni和Little(1983)的品牌选择模型应用于预测用户在门户网站上的选择行为。该研究构建了一个类似于测量品牌忠诚度的网站忠诚度测量方法，而所选用的品牌忠诚度测量方法则是由Guadagni和Little (1983)首次提出的，并广泛应用于扫描面板数据。研究结果类似于扫描数据下的品牌忠诚度，基于点击流数据的网站忠诚度测量模型对于网站选择具有很强的预测性。Goldfarb(2002)的研究还包含了一系列学者们感兴趣并且可以预测用户网站选择行为的变量，这些变量包括链接的使用、电子邮件以及用户在每个网站上的使用经验。而与网站选择相似的行为还有广告点击行为(Chickering，Heckerman，2003)和搜索引擎的使用行为(Bradlow，Schmittlein，2000)。Goldfarb(2006a)使用以“用户为中心”的点击流数据研究了用户的门户网站选择行为,发现用户在门户网站选择上会考虑转换成本的因素,并且由转换成本较高而导致的网站忠诚度是驱使网络用户重复访问门户网站的主要动因,门户网站也由此而获得了可观的收入。Goldfarb(2006b)后来又研究了在互联网受到攻击后拒绝服务的前面几天用户的跨网站使用情况。对于不受攻击影响的网站,锁定式访问(即除非被迫去其他地方,一般情况下仍然留在该网站上的趋势)占了网站流量收益的大部分。但是,锁定式访问对这些网站的性能几乎没有长期影响,因为随着时间的推移,用户会恢复其稳定的搜索和浏览模式。Chen 和 Hitt(2002)研究了在线经纪公司的点击流数据,研究结论与 Goldfarb 的一样,也发现了用户存在显著的转换成本,这些转换成本在用户之间也有很大差异,高转换成本与低转换成本之间差异大约为两倍。有趣的是,用户的人口统计变量对用户转换成本的解释能力并不显著,而网站所使用的度量工具和企业特征(如产品线宽度、质量)则与网络用户转换率的降低密切相关。

跨网站点击流研究中显示的网站忠诚度水平表明,“锁定式访问”(例如,由于学习和其他认知转换成本)确实是影响用户使用互联网的重要因素。这表明网站可能会进一步通过引入新的“摩擦”,来提高在线渠道中的用户保留率,如更频繁地购买程序、使用户配置文件更加个性化、实施点击奖励、采用联盟计划以及在线产品推荐系统等。还有学者认为,引人入胜的网站设计和强大的品牌推广也可以间接提升网站用户保留率,这类似于网络零售商在产品和服务不可签约的情况下通过增加可信的代理方式(如运输可靠性)来达成交易。

二、互联网广告

大部分互联网公司都是通过销售各种形式的网络广告来获得收益的。事实上,互联网广告现已成为大多数公司营销组合的重要组成部分,根据电通安吉斯发布的报告,2019 年全球互联网广告支出达 2497 亿美元,在全球广告支出总额中的占比 41.8%(Dotc United Group,2019)。点击流数据可以追踪互联网广告的曝光程度和网络用户的后续行为(如点击或购买),并且能够预测广告曝光和用户响应行为之间关系的紧密程度。互联网广告有两大类型:展示广告(所谓的横幅广告)和付费搜索广告(文本广告由诸如 Google 和 Yahoo! 的搜索引擎充当赞助链接)。到目前为止,现有的点击流数据研究主要侧重于横幅广告，对付费搜索广告的研究也开始有所关注，而电子邮件作为新的广告媒介也开始进入点击流数据的研究范围。目前，在线口碑和推荐系统已成为重要的研究主题。

1. 横幅广告效果的评估

(1)点击率

互联网用户面对网站横幅广告时，其是否点击广告是一个可以衡量的响应指标，这种点击行为通常会将用户带到另一个站点，并在其中找到有关产品或服务更详细的信息。Chatterjee、Hoffman 和 Novak(2003)使用个体水平的二分变量 Logit(点击/没有点击)模型来模拟用户横幅广告的点击行为，使用“以网站为中心”的点击流数据，在该用户会话期间尚未点击该广告的前提下模拟用户点击横幅广告的概率。研究发现，用户的(不可观察的)点击倾向具有显著的异质性，并且当用户点击率较低时，重复的横幅广告曝光会增加用户点击率。此外，该研究还发现，用户点击导航路径中早期或晚期放置的横幅广告的点击概率是相同的。

虽然点击率一直是衡量横幅广告效果的常用指标，互联网早期横幅广告支出的快速增长亦表明了广告商对横幅广告价值的认同，但其他重要结果变量(有些变量在点击流数据中无法衡量)也会受到横幅广告的影响。例如 Drèze 和 Hussherr(2003)建议横幅广告效果可以在潜意识水平上进行分析和处理，并且品牌知名度和产品召回率可以比点击率更好地测量横幅广告效果。Ilfeld 和 Winer(2002)在部分基于点击流数据的研究中证实了这一观点，其研究指出在线广告可有效吸引网站访问者，并且还会影响用户对网站的认知和网站的品牌资产。

(2)广告页面曝光的范围和频率

如果对横幅广告曝光的测量是期望指标，那么诸如广告覆盖范围和频率等传统广告指标在互联网情境下可能更具实际意义。针对广告客户如何评估和预测互联网上展示广告的覆盖面和频率这一问题，Danaher(2007)开发了一种随机建模方法，旨在表示跨网站页面浏览曝光的范围和频率。该方法适用于 comScore“以用户为中心”的点击流数据，并提出了各种将来自不同网站的页面视图分解为覆盖面与频率的建议。此外，覆盖面和频率对于在线广告客户来说也非常重要，因为现今的广告服务器(如 Double Click 提供的广告服务器)允许广告客户通过用户人口统计信息和用户行为定位来控制看广告的人和每位用户的横幅广告曝光的次数。

(3)购买加速

除了点击率以及广告页面曝光的范围和频率,评估横幅广告效果的另一种方法是分析它对电子商务购买交易产生的影响。Manchanda 等人(2006)基于电子商务网站个人层面的数据研究了用户横幅广告曝光与购买交易之间的匹配关系,他们使用 Hazard 建模方法,将用户购买时间视为横幅广告曝光的函数进行研究,发现横幅广告对现有用户的购买行为具有加速作用。具体而言,广告曝光的数量、发生曝光的网站数量以及暴露于网络用户前的横幅广告的页面数量都对现有用户的购买行为具有正向影响。

(4)后续浏览行为

除了最基础层面的诱导点击和加速购买,横幅广告的曝光也可能会对网站用户的后续浏览行为产生影响。Rutz 和 Bucklin(2008)研究了汽车网站上横幅广告的曝光如何改变访问者随后的页面浏览选择,该研究使用个体层面的"以网站为中心"的数据,对用户在横幅广告曝光后做出的决定进行了建模。研究发现,在当前会话中投放的横幅广告对不同用户的后续浏览行为的影响可以细分为三种类型:效果是正向的(广告曝光会导致页面请求获得有关品牌的更多信息);效果是负向的;效果是无效的。

2. 付费搜索广告效果的评估

付费搜索广告是互联网搜索引擎提供的付费服务,广告商可以选择一定的关键词,当用户搜索这些关键词时就会出现文本广告。近些年来,它一直是互联网广告增长的主要推动力。搜索引擎用户在寻找能满足要求的目标时,搜索引擎会为其提供可能有助于实现该目标的信息,而付费搜索广告符合直接和即时营销的条件。此外,搜索引擎流量来自自愿的、用户驱动的活动,而不是来自强制曝光。尽管付费搜索广告十分重要,而且一些搜索引擎曾取得了巨大的成功,但是基于点击流数据来研究付费搜索广告的文献并不多。当前,学者对有关搜索词(或关键词)文字广告位置的在线拍卖已有所关注,特别是广告赞助商会互相竞价以获得向用户显示搜索结果的更好位置(Ostrovsky, Schwarz, Edelman, 2007)。

3. 电子邮件广告对点击率的影响

互联网上另一个重要的广告工具是电子邮件。广告商向注册用户发送电子邮件广告,或者仅向可能有电子邮箱的潜在客户发送电子邮件广告,这些邮件的目的是宣传网站、吸引访问者和销售产品或服务。电子邮件广告的内容包含文本和图片。链接或链接集通常会包含在电子邮件广告中,使用户能够直接链接到站点(或购买页面)。虽然电子邮件广告发送成本低廉(在可变成本的基础上),但不相匹配的内容可能使电子邮件广告失效,也很可能导致用户将其处理为垃圾邮件。

鉴于电子邮件用户的兴趣存在差异,定制化电子邮件广告能否有效提高点击率成为一个研究课题。Ansari 和 Mela(2003)针对这个研究课题开发了一种两阶段方法,即使用个体层面点击流数据分析结果为电子邮件用户定制广告。在第一阶段,将点击概率模型视为有关邮件内容和设计属性的函数,并对这个模型进行参数估计;在第二阶段,将概率模型参数估计作为优化模块的输入,而优化模块的输出则是推荐收件人和电子邮件广告定制时间配置。结果表明,该方法可以将点击率提高62%。虽然该研究主要关注电子邮件广告,但 Ansari 和 Mela 开发的组合响应和优化建模方法也适用于解决通过点击流数据分析在线定制内容的其他问题。

三、在线购物和电子商务

对电子商务网站访问者的在线购买行为进行分析和建模是点击流数据研究最为活跃的领域之一。目前,大部分建模工作都集中在网站访问者是否完成交易和预测交易完成的概率上,并推出了几种不同的分析和研究方法。此外,除了理解和预测网站访问者的购买转换率,点击流数据在解释在线拍卖及比价代理系统的作用方面也发挥了重要作用。

1. 了解并预测购买转化率

在电子商务领域,从业人员对访问—购买转换率十分关注。为此,我们需要了解影响购买决策的因素,并构建模型以便于企业能够介入并对购买行为进行干预。

电子商务网站访问—购买转换率低的一个原因是,很多访问者在登录网站时并没有明确的购买对象。因此,如果要构建电子商务网站的用户选择模型,那么最为重要的第一步应该是,使用点击流数据来推断网络用户的访问目的(如用户是仅仅简单地浏览信息,还是有购买意愿)。学者们基于用户访问网站的信息,使用贝叶斯定理来预测个体特征并取得了一些成功的探索(Montgomery,2001a)。因此,通过这种基于贝叶斯方法构建的“用户侧写”方式,可以将浏览信息型用户与具有购买意愿的用户区分开来。Moe (2003)基于访问—购买转换率这一指标对电子商务网站中的店铺访问行为进行了类别划分。该研究分析了一家电子商务网站店铺的点击流数据，发现用户的访问—购买转换率与其在店铺内的浏览模式以及浏览网页的内容有关。据此，营销人员可以识别出哪些用户更有可能成为最佳潜在购买者。Moe 和 Fader (2000)对访问—购买转化率进行了建模，该模型使用电商平台数据，用访问历史和购买模式两个变量来预测访问—购买转换概率，发现重复访问与购买行为正相关。

另一个关注点是能否使用模型来预测在线购买的概率，即通过跟踪用户会话来预测某一次访问行为发生购买的可能性。如果用户导航相关的选择行为能够对其在线购买行为进行预测，那么实时提高对用户购买发生率的预测能力就是有可能的。为此，Montgomery (2001b)提出了一个有关退出网站、浏览和购买的动态有序的 Probit 模型，解释了共变量对用户决定是否退出、继续浏览网站或购买等行为的影响。Sismeiro 和 Bucklin (2004)使用互联网汽车分销商的点击流数据，构建了一个 Probit 模型来预测某一给定访问发生购买行为的可能性，该模型将访问发生购买行为的可能性视为用户在网站的行为、重复访问行为和其他共变量的函数，同时还将购买发生之前的“名义用户任务”(填满购物车、清空购物车)也包含在了模型之中。这一方法可以让我们更好地理解购买发生的原因，从而提高预测能力，并对网站效率问题提供更好的诊断。该研究发现，用户的具体操作对购买概率有较大影响。比较意外的是，该研究发现，重复访问对购买倾向并不产生决定性影响，对于网站而言也是如此，但是为用户做出复杂决策提供帮助可以提高访问—购买转换率。

学者们使用点击流数据用多种方法对访问—购买转换率进行了建模。在访问网站的基础下，一种预测在线购买的方法是使用随机模型。Moe 和 Fader(2004a,2004b)使用 1998 年 Media Metrix 面板数据构建了关于电子商务网站(CDNow 和 Amazon)用户访问行为演化的随机模型，其研究结果表明，访问零售网站更为频繁的用户，其购买倾向越高，而用户个体层面访问行为演化的随机模型可以提供哪些客户更有可能发生在线购买的有关信息。Moe 和 Fader(2004)所提出的模型将购买视为过去访问行为的函数，而这也意味着该模型的应用仅需从点击流数据中提取最少的变量(如用户随时发生的访问和购买行为)。

随机建模方法的局限性在于，模型构建过程中并未将检查用户浏览网站时的动作变量设置其中(如页面查看请求)，而这些动作会对购买结果产生影响或与购买结果相关。这就需要研究者深入分析和研究点击流数据，开发出内部浏览行为的测量方法，并将其与购买转换相关联。Sismeiro 和 Bucklin(2004)提出的模型就采用了这一方法，该模型将用户购买过程分解为一系列任务，同时还假设用户必须完成这些任务。该研究采用来自互联网汽车零售商“以网站为中心”的点击流数据，模拟了三个用户任务：①完成产品配置；②输入个人信息；③通过信用卡提供确认订单。这些步骤遵循着电子商务购物的顺序，即首先将商品放入购物车，然后输入地址和物流信息，最后使用信用卡或其他支付工具下订单。数据分析结果显示，只有约2%的网站访问者完成了订单交易。当按任务分解时，购买过程如下所示：30%的访问者完成了任务①；而后仅 20%的用户继续完成任务②；最后仅34%的用户在完成任务①②后继续完成任务③。

其中有一个有趣的实证研究结果，即用户从一项任务到另一项任务时模型中许多协变量参数的符号发生了反转。例如，退出并返回到站点不能预测任务①完成产品配置，但它与任务②正相关，并且与任务③负相关。结果还表明，用户电子商务网站访问次数本身并不能预测其是否会发生购买。这一研究发现与 Moe 和 Fader(2004)的研究结果不同，后者的研究结果表明访问频次越多，购买的可能性越大，这可能是由于书籍和 CD 购买者与汽车购买者的购物行为存在差异。

Montgomery、Li 和 Srinivasan 等(2004)所开发的点击流数据建模方法也可以用来预测用户的访问—购买转换率。当用户在网站上进行页面浏览时，模型会提供对用户购买可能性的预测结果，并且这一预测结果是动态的、不断改进的。该研究采用的是巴诺书店(Barnes&Noble)官网的点击流数据，数据显示用户平均购买率为 7%。使用该模型分析后得出如下结论：当访问者浏览过一个页面后，13%的人会发生购买行为并能通过模型被正确分类，这几乎是基准率(7%)的两倍；在浏览 3 次页面之后，该数据会增长到 23%；在浏览 6 次页面之后，该数据增长到 41%。因此，该研究强调了点击流数据中包含的信息浏览行为的记录可用于预测后续在线购买行为。

2. 考虑集

点击流数据集在记录购买行为时，还记录了用户购买前进行的活动，例如其使用了什么购买决策辅助工具。这意味着点击流数据类似于一个了解用户购买过程的窗口，由此可以观察到在线购买者会首先形成购买考虑集，然后做出最终选择。Wu 和 Rangaswamy(2003)对 Peapod 网上的洗衣液购买者的考虑集和选择行为进行了建模。在他们所使用的点击流数据中，购物者主要使用了两种在线购买决策辅助工具(个人清单和分拣系统)，这两个辅助工具均包含了价格、促销广告和产品特征等信息。在模型估计中，两位学者发现购物者以不同的方式形成了考虑集。通过两段式的数据分析，在线购物者可以被分为两类不同群体——寻求者和非寻求者，寻求者积极使用在线搜索工具，非寻求者则更多地依赖于 Peapod 系统上的个人清单。

除了监测用户所使用的决策辅助工具，点击流数据还可以提供用户所查看产品的相关信息。基于点击流数据的这一特点，Moe(2006a)模拟了用户对两种营养产品的浏览和选择行为(在访问期间浏览产品并不一定表示用户会考虑购买，但购买产品的决定可能与之密切相关)。在 Moe(2006a)的模型中，用户浏览某一给定产品是模型的第一阶段，而购买决策是模型的第二阶段。研究发现，两阶段模型比单阶段模型的预测更有效。Moe(2006a)的模型对于检测不同产品属性对用户在浏览阶段与购买阶段的行为的影响也很有作用。该模型的广泛应用对于网站设计和有针对性的在线干预都有所助益(如促销或产品展示)。

3. 在线拍卖和新定价机制

互联网带来的低交易成本以及在线互动，使新的定价机制在网络上蓬勃发展，这些机制让买家积极参与价格制定，同时这些机制还通过价格歧视和对新客户群的吸引力为卖家提供销售机会。其中一些定价机制起源于线下，如各种在线拍卖形式，但这些定价机制在网络上得以迅速发展。当然，也有些定价机制是线上特有的，例如“用户自我定价系统”。

点击流数据的收集过程往往发生于网站或服务器后台，使得面向这些定价机制的大量实证研究成为可能。一个很好的例子是关于拍卖中所谓的“狙击”或“后期出价”(在互联网拍卖的最后几秒内的出价)，对于大多数互联网拍卖而言，后期出价现已成为公认的经验。Ockenfels 和 Roth(2006)在 eBay 的 240 个古董拍卖样本中发现，89 个拍卖样本在最后 1 分钟仍有出价，而在拍卖结束后 10 分钟仍有 29 个出价。

从真实在线拍卖中所获取的大量点击流数据，催生了许多对后期出价进行测试的理论(如 Bajari，Hortaçsu，2003；Roth，Ockenfels，2002)。例如，Zeithammer(2006)指出，参与一系列替代产品拍卖的前瞻性投标人在预期未来拍卖时会降低出价，由此证明在线拍卖市场中，有关未来购买机会的信息是可用的，而且该信息带来了当前观察到的需求，有效地将多个购买机会中的同时选择元素混合到基础顺序搜索之中。虽然尚未得出明确的结论，但点击流数据已经在该领域取得了重大进展（如 Bajari，Hortaçu，2004）。

点击流数据所带来的另一个潜在贡献是，为旧问题提供新的研究数据。例如，在拍卖问题的相关研究中，存在着买卖双方信息不对称的问题。买卖双方的信息不对称会导致"赢家的诅咒"现象，以及其他问题。利用在线拍卖的点击流数据，研究人员发现投标人的行为与对"赢家的诅咒"的恐惧是一致的，而这通常会导致拍卖价格下降。在线下拍卖中信息不对称不起主要作用，但在线拍卖中信息不对称却产生了影响（Bajari，Hortaçsu，2003）。买卖双方彼此匿名是在线拍卖信息不对称的一个主要来源。例如，eBay 不要求用户实名，显示 eBay ID 即可。买家和卖家之间的重复交易也很少，这阻碍了直接通过经验来判断对方可靠性的可能性。Resnick 和 Zeckhauser（2002）使用来自 eBay 的大型数据集报告，发现在 5 个月内，只有不到 20% 的交易是在重复的买卖双方之间进行的。为了确保诚实行为，在线拍卖网站依靠自愿反馈机制，让买卖双方都可以发表对彼此表现的评论。

由于买方和卖方的评论数据可与投标和交易活动数据一起使用，研究者可以对在线拍卖中的这些反馈机制进行实证研究。Bajari 和 Hortaçsu（2004）以及 Resnick、Zeckhauser 和 Swanson 等（2006）梳理了这些研究并得出结论：与没有跟踪记录的卖家相比，已建立跟踪记录的 eBay 卖家（即获得数百或数千个主要是正面或中立的反馈意见的卖家）可以享受 10%～12% 的溢价。Zhang（2006）的研究指出，销售行为的负面评价比正面评价更重要，而区分每个人的购买或销售反馈也很重要。买家更偏好于受消费者信赖的卖家，此时他们的出价倾向于高于起始价或底价。

Park 和 Bradlow（2005）将复杂的建模方法应用于笔记本电脑的拍卖数据，这些拍卖数据明确地捕捉到了投标行为的关键特征。这些研究结论为拍卖网站的管理人员提供了有价值的管理工具，不仅可以进行客户关系管理，而且可以评估所列拍卖品和潜在投标人的品质与资质。此外，研究发现，较大的出价和时间增量会显著影响其余投标人的投标行为，并且潜在投标人的数量在各个拍卖网站之间差异很大。

当前，在线拍卖研究领域对新定价机制已经进行了丰富的研究，而且对"客户自我定价系统"网站所收集的数据也进行了研究。这些研究结果表明，网络用户并不遵循理性决策的规律(Spann，Tellis，2006)，而且交易成本很大(Hann，Terwiesch，2003；Spann，Skiera，Schäfers，2004)。

4. 比价代理系统

网站购买决策可以被建模为以访问电子商务网站为基础的二阶段过程。但是另外一种情况是，用户还可以考虑跨多个网站进行在线购物。学者们通过分析用户在“比价代理系统”上做出的选择决定，研究了用户跨多个网站购物的部分选择过程。用户在进行在线查询时，“比价代理系统”向其呈现来自竞争网站的替代或相同产品及其价格。查询结束后，用户可以自由选择替代方案或退出“比价代理系统”网站。Brynjolfsson 和 Smith(2000)使用多项 Logit 选择模型研究用户在“比价代理系统”网站做出的选择决策，其中选择集包括由“比价代理系统”网站呈现给用户的项目。该研究结果表明，在线商家的产品定价和品牌名称是影响用户决策的重要因素。

虽然“比价代理系统”对用户来说具有一定的吸引力，但用户的使用率仍然很低。Montgomery、Hosanagar 和 Krishnan 等人(2004)从“比价代理系统”运营商的视角，识别了可能提升“比价代理系统”对用户吸引力的运营商可控因素，例如等待时间、商家搜索和所展示的产品范围等，并通过对在线书店连续 6 个月的价格观察证明了其模型的有效性。

第三节 基于点击流数据分析的研究机会与挑战

与传统媒体不同，互联网既是数字化的，也是交互的。由于它是数字化的，因此可以实践新的商业概念，并且可以获得数据收集和分析的新机会。由于它是交互的，因此公司拥有更广阔的营销机会和更高效的沟通工具。实际上，自互联网诞生以来，对话和互动的增加是既定的趋势(Shankar，Malthouse，2007)，这不仅发生在企业和消费者之间，在不同的消费者之间也是如此。MySpace 和 Facebook 就是两个著名的案例，它们的成功揭示了在线互动的力量。

一、研究机会

基于点击流数据的分析为互联网行业若干新领域的发展提供了重要机

会。基于点击流数据的分析与研究还会进一步推动市场营销理论与工具的发展和变革，当前，研究人员正致力于通过点击流数据来理解 Web 使用、广告效果和电子商务等领域的各种问题与挑战。

1. 在线口碑

虽然互动性是互联网的基本特征之一，但这一特征也是最难研究的，特别是在使用从用户自身环境中收集的点击流数据时。一个典型的例子是对在线口碑(来自客户或用户)沟通行为的研究，其中公司不直接控制消息的内容、时间或性质。互联网不仅创造了这一类新的在线口碑论坛，而且还重新唤起了人们对这一现象的兴趣。互联网的低使用成本促进了口碑传播的发展和覆盖范围的扩大。微博、微信、聊天室、社交网络和其他形式的用户生成内容正在快速增长，用户访问这些平台非常简单且容易。搜索引擎还有助于快速收集人们对文本内容的想法和观点，而这在以前是不可能的。另外，商业网站现在通常允许消费者发布与其业务相关的几乎任何方面的反馈和评论，使在线口碑在商业互联网环境中得以制度化。

使用点击流数据来研究在线口碑的难度与挑战可能很大，因为获取或追踪用户在线口碑通常并不容易，而将用户在线口碑与其交易或其他行为连接则更为困难。尽管如此，还是有一些学者对其进行了研究。例如，Chevalier 和 Mayzlin(2006)研究了在线图书评论对亚马逊、巴诺书店等商业网站中一些图书的销量的影响。研究结果表明，书评数量的变化以及这些评论的性质可能会影响其在线销售。有趣的是，该研究实际上并不是基于点击流数据，而是基于研究者根据两个网站发布的公开信息而开发的数据库。不过，网站的运营经理应该能够使用网站的点击流数据进行类似的研究，并可以随时跟踪 Chevalier 和 Mayzlin 提出的产品评估指标。

Trusov、Bucklin 和 Pauwels(2009)使用来自社交网站的点击流数据做了另一项关于在线口碑的研究，研究对象是用户邀请其他人加入社交网络的邮件量，而这个邮件量与新会员注册数量的数据是相互匹配的。尽管这两个数据流无法与用户个体层面的数据相连接，但通过累加时间序列所得出的分析结果表明，在线口碑对随后注册加入社交网络的人数具有显著影响。因此，如果研究人员可以追踪在线口碑，并将其与销售量或其他结果变量相联系，那么基于点击流数据的研究就能够为此种营销形式的有效性提供新的证据和观点。

2. 多渠道管理

企业越来越多地通过多种渠道和网点进行销售，不仅通过网站吸引顾客到实体零售店，同时也进行在线销售。以前主要在黄金地段的实体店铺销售商品的零售商，现在也都拥有了自己的网站和折扣店。同时，消费者可以通过互联网来收集信息，而后在实体店铺或者使用其他渠道进行购买。将企业的多渠道销售信息与用户行为信息相连接，并研究如何更好地利用各个渠道的优势，这些都会为企业带来显著的竞争优势(Neslin，Shankar，2009)。但到目前为止，使用点击流数据来研究多渠道管理的文章并不多，其中 Ansari、Mela 和 Neslin(2008)的文章是一个例外，他们研究了一家公司的会员向其新建的自营电子商务网站的迁移情况，并分析了营销活动(包括电子邮件营销)对此次迁移的影响。

3. 推荐系统

互联网的快速发展和网站的扩张在为消费者创造机会的同时，也带来了新的难题，如当数百万个类似产品在网络上共存时，消费者如何在线查找相关信息、网站或产品。实际上，这些难题是价格分散和经济摩擦的原因之一(Brynjolfsson，Smith，2000)。为了帮助用户决策，互联网公司已经开发了许多智能代理和推荐系统(Ansari，Essegaier，Kohli，2000；Adomavicius，Tuzhilin，2005)。推荐系统的主要功能是基于个体用户的偏好结构(评价、评级或暴露的选择行为)或网站其他访问者的偏好和选择行为，为用户选择产品提供指导。一般而言，这些系统是以协同过滤技术为基础的，会根据其他用户的一个加权评价(或选择)来预测个体的评价(或选择)。Ansari、Essegaier 和 Kohli(2000)指出，可以使用多层贝叶斯方法对模型进行标准化，即通过解释个体间未知的异质性和所需评估的备选项之间的异质性，来改进协同过滤系统。这些系统是行业中非常重要的工具(例如，2007 年 Netflix 公开提供了 100 万美元的奖金用于改进其电影推荐系统)，并且企业内部会使用点击流数据来完善这些系统。到目前为止，市场营销方面的研究主要集中在决策(Häubl，Trifts，2000)、评级分析(Ansari，Essegaier，Kohli，2000；Ying，Feinberg，Wedel，2006)和购买历史(Trusov，Bodapati，Bucklin，2010)等几个方面。显然，这应该是未来点击流数据研究的重要主题。

4. 方法开发

鉴于点击流数据分析所带来的挑战和机遇，学者们在方法论层面也进行了研究，这不仅对互联网的研究有影响，也对市场营销研究产生了广泛的影响。Goldfarb、Borrelli、Lu 等(2006)就是此类研究的一个例子，两位学者的研究指出，使用个体层面的回归分析，而不是使用贝叶斯收缩方法或随机效应方法，可以更好地理解消费者的在线行为。Rahul、Boatwright 和 Mukhopadhyay 等(2004)则通过在比例风险混合模型中加入购买周期和未观察到的异质性两个变量，对现有的随机购买时间模型进行了改善，并使用搜索引擎访问数据对所提出模型进行了检验，以证明其优势。Sismeiro 和 Bucklin(2004)通过将用户在线任务分解为连续任务，以更好地预测不常见二元概率事件的发生。通过对一系列二元概率事件进行建模而非对单一事件进行建模，可以提高模型的预测能力并获得富有洞察力的结果。有关点击流数据研究方法的改进还包括 Goldfarb(2006b)，Park 和 Fader(2004)，Moe 和 Fader(2004a，2004b)，Montgomery 等(2004)的研究。

5.其他研究机会

点击流数据为网络选择行为及其影响因素研究提供了一个更为广阔的空间。除了鼓励在上述四个应用领域进行的研究，还有以下一些研究切入点供研究者进行探索。

(1)数据集的改善

条形码扫描数据曾被描述为“电子微观领域的营销”，是一种能够测量以前从未被捕获过的信息的装置，并且允许营销人员开发理论和建立现象模型，这些现象在扫描装置广泛使用之前实际上是很难见到的。但基于扫描面板数据，我们只能知道在消费者结束购买的时候哪些产品会被留在购物车中。然而，使用来自诸如 Netgrocer 的在线零售商的点击流数据，不仅可以知道用户从某一产品类别中选择商品的顺序，同时还可以知道在其进行选择时购物车中还有哪些商品(以及用户在选定某一类别产品之前还曾浏览过网站的哪些栏目)。由于实体超市环境十分灵活，因此开展评估顾客响应和测试理论的实验是不太可能的；而在网络购物环境下，则可以精准(可精确到某一给定时段)为顾客提供优惠券(或关于某一特定商品的优惠促销活动信息)。

来自像 Netgrocer 这样的在线零售商的点击流数据也可以帮助研究人员更多地了解消费者搜索行为和考虑集的形成。对于那些已被用户考虑但并未购买的产品的详细跟踪，可以为我们提供关于考虑集的信息，并使得研究人员能够测试正式的搜索模型。因此，对消费者在线考虑集和购买选择行为的研究可以视为市场营销学的复兴，因为在点击流数据背景下研究人员能够超越扫描面板数据中仅包含购买信息的限制，可以推广至购物车形成机制的研究，而且通过点击流数据，研究人员可以基于产品类别层面，关注用户的搜寻和选择行为，来了解哪些类别能或不能最后进入购物车。

(2)定制化

为特定用户定制网站，即时调整内容，使用网络进行有针对性的营销活动，给研究人员建模带来了挑战。首先，网站定制需要开发和校准模型，以便用户对网站或互联网上的营销刺激做出响应(例如，促销电子邮件)。由于定制化是基于个人层面的，因而应用选择模型是研究人员最佳的选择。其次，定制化还要求在对用户响应中的异质性进行优化的基础上进行决策。

我们期望建模人员不仅仅关注推荐系统(Ansari, Essegaier, Kohli, 2000)和电子邮件的定制化(Ansari, Mela, 2003)，而且要关注网站页面、链接选择、促销干预和定价以及产品分类的定制化。实际上，定制化最终可以扩展到门户设计和搜索引擎功能设计方面。

(3)集成数据挖掘和选择模型

如上所述，点击流数据源规模是很大的，而且数据的层次是相当复杂的。市场营销学中所研发和使用的许多传统统计方法可能无法直接运用，换言之，这些传统统计方法可能不适合处理拥有数百万客户和数亿交易量的数据库。其中一部分原因是传统统计方法往往是为了处理数据稀缺问题而开发的(即小而干净的样本，其样本属性明确，通常都是独立分布的)。在这种情况下，数据挖掘应运而生。数据挖掘是一种归纳的探索性分析，旨在揭示数据中未预料到的关系(Berry,Linoff, 2004)。数据的分类、分析和预测等通常采用一系列不同的研究方法或工具(例如，篮子分析、CART、神经网络等)来完成，这些数据挖掘工具非常有效，可以应用于大型数据集，从而不必将大型数据集拆分成若干个小型数据集，再用传统的统计方法来分析和处理。数据挖掘的特点还在于其与其他传统统计方法具有不同的理念，即数据挖掘的重点更多地放在预测结果上，而不是放在模型参数估计和统计显著性上。随着营销研究人员将注意力转向点击流数据，继续依赖于传统的统计方法可能会适得其反。强调可拓展模型和预测结果，可以使我们在点击流数据中观察到更为丰富的行为现象。

(4)自动化

互联网用户的每次点击都是网站个性化的一个潜在机会，使得网站管理者有机会更改选择情境或向用户提供特别的信息。如果没有某种形式的自动化,提供如此庞大数量和高强度的目标内容是不可想象的。幸运的是,互联网的选择情境,自动化系统发展的理想环境。网站上几乎所有的内容都必须编程,因此决策规则和自动化模型都容易部署(如使用 BroadVision 等工具),而且能够自动收集大量数据来校准这些模型。然而,问题依然存在,即当用户访问网站时,网站管理者应该做些什么。Little(2001)就营销自动化问题,专门针对 Amazon 或 Circuit City 等在线零售商的需求提出了一个“五点研究框架”。该研究框架的基本想法是部署实时决策规则(例如,定价和促销决策、页面动态设计),使用历史数据(不仅来自访客和客户的点击流数据,还来自搜索引擎和网络爬虫的信息)进行校准,并通过某种形式的自适应实验进行实时更新。该系统的一个关键要求是:要以质量控制、趋势监控和市场变化预警的形式向网站管理者提供可持续的反馈。这种反馈机制的形式可能与用于监控超市环境变化的专家系统或在营销决策中实现自动化所需的专家系统类似(Bucklin, Lehmann,Little, 1998)。有效自动化的一个主要挑战,是掌握在每个选择时刻发挥作用的大量营销决策变量。当访问者开始访问一个网络零售商的主页时,他通常会看到搜索功能、类别索引、特别优惠、促销产品、畅销产品和大量的赞助商广告;每个促销产品都有附带信息,如图片、价格、代言人、广告文案、产品评论和客服电话(或其他联系信息)。了解用户如何响应这些混合元素,对于系统设计以及自动化的设置至关重要。

(5)终身价值分析

越来越多的企业认识到客户终身价值(customer lifetime value,CLV)的重要性(Berger, Nasr, 1998)。企业是否能获得客户终身价值取决于其积累客户(通过频繁互动加强关系)和使客户关系盈利(通过互补产品和服务的交叉销售)的能力。利用点击流数据来跟踪客户与企业之间的请求和响应模式,可以识别出提高企业交叉销售成功率或成本效益的模式,并可以诊断出客户流失的早期预警信号。点击流数据使企业有机会更好地了解客户,并对客户关系维护产生影响(Gupta,Lehman,Stuart, 2004)。

二、研究挑战

尽管点击流数据分析适用于市场营销的研究和实践,但这些数据还没有被充分利用。在管理方面，研究和分析点击流数据的主要应用是跟踪网站上的用户数据流量，了解用户在给定网站上花费的平均时长以及网站访问者的人口统计信息。当前使用的这些研究和分析指标很有趣，但未能充分利用现有数据包含的大量信息。另外，要认识到点击流数据对现有数据收集和数据分析技术所提出的挑战，而找到应对这些挑战的方法可以扩大点击流数据分析在营销中的应用范围。

1. 数据量

研究人员使用点击流数据便需要存储和处理大量信息。一些早期研究主要采用“以网站为中心”的原始日志文件，这就需要研究者在获得可用数据集之前进行密集的数据预处理。目前研究人员已经能够使用数据仓库和数据库系统直接收集点击流数据，这类数据的使用大大减少了研究人员的预处理工作。虽然有了这些进步，但是研究人员仍然必须开发模型和估算方法以应对数据集大小和维度不同所带来的挑战。可扩展算法一直是计算机科学研究的重要领域，却不是市场营销研究的重点。在点击流数据中包含了成千上万(在某些情况下甚至是数百万)的用户信息，因此估算个体层面的参数可能是一项艰巨的任务。事实上，目前在市场营销中使用点击流数据进行的个体层面的研究，往往会采用相对于大量实际跟踪用户数而言的小样本，如 Moe(2003)研究了 150 位买家，Bucklin 和 Sismeiro(2003)分析了 5000 个网站访问者。然而，研究人员在这样做的过程中，可能会失去有趣的样本属性和视角，而这些属性正是只有大量网络用户的在线访问行为所能提供的。

2. 点击流数据的深度和质量

虽然公司可以快速收集并跟踪个人访问者的大量数据，但收集的数据往往缺乏营销建模者和营销分析人员所需要的关键信息。例如服务器日志文件中记录的内容是基于可获得性，而不是基于建模者的需要。虽然现在点击流数据已经拥有大量详细信息，但也有很多信息缺失。服务器日志文件的主要限制之一，是它们仅限于捕获单个站点上的交互信息。这类似于从购物广场众多商店中的单个商店获得扫描仪面板数据，因而服务器日志文件无法让我们了解到访问者访问其他网站来满足其需求的程度。目前通过互联网面板数据(如 Media Metrix)已经部分地解决了这种限制。互联网面板数据的优势在于可以跟踪个体样本跨网站的导航行为，可以捕获其访问过的每个网站的 URL 以及在每个域中花费的时间。虽然这类数据能提供访问者的网站忠诚度和网站切换行为等相关信息，但这类数据非常稀少。即使互联网面板数据有数十万名固定样本小组成员，也很难覆盖到全球四十亿互联网用户在数以万亿计的不同的网页上的选择行为。使问题更为复杂的是，互联网面板数据没有服务器日志文件那么丰富的信息，服务器日志文件提供了服务器为给定页面视图请求的所有信息记录，而互联网面板数据仅记录所访问站点的 URL(并且 URL 经常被截断)，这使得重建用户在访问网页时实际看到的内容或理解其访问行为之间发生的交互变得更加困难。例如，有关电子商务网站利润的销售数据可能需要与点击流数据进行集成，以衡量网站设计的有效性和投资回报。呼叫中心数据应与点击流数据配对，才可以了解跨多个渠道的客户购买行为，以判别销售的归属(例如，当客户在网上下单，但却通过手机支付时)。

因此，在一些市场营销研究中，会将点击流数据与其他数据源相结合来进行分析。例如，Ilfeld 和 Winer(2002)使用多种来源的数据来估计 88 家互联网公司的数据模型。Media Metrix 公司的网络面板数据提供了网站访问和页面浏览等信息。每家公司的广告支出的衡量主要是参考其在网络和传统媒体(广播、电视、有线电视、户外、报纸和杂志)上投放的广告。而从其他网站转到所关注网站的链接数量，则通过搜索引擎 Google 来确定。

另一个问题是基于服务器的跟踪可能并不准确。服务器可能无法区别页面请求是由用户的计算机发起的，还是代理服务器缓存的(例如，用户使用了具有不同 Cookie 的计算机)，这可能导致无法清楚地识别用户行为，并且可能丢失用户与客户端计算机通信的部分信息(丢失的数据包在互联网中并不罕见)。

上述问题使得“以网站为中心”的点击流数据研究变得复杂，且对营销人员提出了更多挑战。部分解决方案可能更多地依赖于“以用户为中心”的点击流面板数据。然而，如上所述，这些数据集可能也有自身的问题，这包括：不受欢迎的网站的样本量较小，或某些关键的站内活动(例如购买交易)的数量很少，有时甚至一些热门网站也是如此。由于两种类型的点击流数据都是对在线用户行为的详细记录，因此隐私问题当然是潜在的问题。如 Fader、Hardie 和 Jerath(2007)提出了使用汇总数据来规避用户隐私问题的方法。显然，还需要更多的研究来理解这些问题的重要性，并找到有效解决这些问题的方法。

3. 自动分析系统

研究人员使用点击流数据进行研究的一个重要挑战是，需要开发出能够处理原始数据的更多自动化系统，并主动恢复丢失的信息，还原或构建用户在线行为的图像（Ting，Clark，Kimble，2005）。以网站设计问题的研究为例，可以使用自动化系统开发新模型，来区分网页并描述人们在浏览网页时所暴露的视觉刺激水平。计算机领域研究人员已经开发出了类似的自动处理图像系统，并已使用其中一些来改进手机商业信息的定位功能（例如，Battiato et al.，2007）。

4. 数据来源的问题困扰

目前学术界获取点击流数据的来源（网站内和跨网站）也面临困扰。例如，我们如何知道一位网站用户是否从网站的某个线程中实现了他的目标？网站访问的目标是与去超市不同的，去超市的目标对于每个人来说通常是相同的，并且可以从观察到的购买行为推断出商品促销或推销活动的成效。但是用户在访问网站时希望完成什么目标，网站并不总是很清楚。如果研究人员没有掌握一些独立的确证方法，就很难确定网站用户的短期访问是否达成目标。

在使用扫描仪面板数据的早期，研究人员和从业人员就意识到这类数据并未捕获影响消费者选择行为的所有重要因素，因此这类数据属于全面的"单一来源"数据。而当前所使用的点击流数据，也应该已经达到了相同的阶段。与早期扫描面板数据所获取的超市消费者选择行为信息相比，目前点击流数据所获取的信息占整个互联网选择行为信息的比例则更小一些。在扫描面板数据中，普通家庭可能在一年之内访问商店 100 次，商店中的每类产品也是多次购买，而在点击流数据中可能会显示大多数用户只对一个特定网站进行 1 次或 2 次访问。

在网站用户选择行为研究领域，研究人员需要在方法上加以创新，以突破现有点击流数据的性质和局限性给研究带来的障碍。首先，给定用户分散的信息需要模型在获取异质性的方式上更加简约（例如，使用分层贝叶斯方法校准的随机效应模型）。由于数据只能捕获互联网用户使用和选择的部分行为，所以网站用户选择行为建模可能必须是有条件的。例如，在研究比价代理系统的作用时，用户链接选择行为建模就必须建立在用户选择链接并访问了比价代理系统的基础上。类似地，用户在电子商务网站上的购买决策可以被建模为一系列条件选择（访问网站、在网站上搜索、将购买产品加入购物车、提交订单)的函数。实际上,这种建模的方法就是Guadagni和Little(1983)所使用的“条件方法”,研究人员应注意模型中可能会存在选择性偏差,因为在缩小模型建模研究关注范围时,其他重要的选择决策行为可能会被忽略。

因此,对网络面板数据提供者或者能够获取服务器日志文件的公司而言,积极获取能够识别用户购买或访问网站相关目标的信息是必要的。此外,研究人员为了模拟网页内容对用户选择行为的影响,需要将用户浏览和购买相关的点击流数据与用户查看的实际页面文件及网页内容进行关联匹配。无论是利用面板数据(或ISP)实现多网站覆盖,还是利用服务器日志文件实现单网站覆盖,都是很困难的,这需要足够多的时间去捕获用户单个网站的重复访问行为和跨网站的访问行为。

第四节　本章小结

许多学术领域都对互联网和电子商务有着浓厚的兴趣。为了进行实证研究,研究人员需要记录在互联网和电子商务领域中发生行为的详细数据,即点击流数据。各个网站均可以维护其网站与访问者之间交互的详细记录,这种“以网站为中心”的数据集可以提供非常详细的给定网站中所有用户行为的信息,但由于它们是由各个网站收集的,因此几乎没有关于网站访问者在其他网站做了什么的数据。而“以用户为中心”的数据则实现了用户访问信息的互联网站点全覆盖,包括用户在竞争网站的访问信息,但在某些情况下可能收集不到足够多的样本量,并且难以精确跟踪用户在感兴趣网站内的行为。这两种点击流数据都促进了研究人员和从业人员理解用户在线行为,有助于网站管理者提高网站性能。

在过去的20年中,市场营销领域关于点击流数据的分析和研究已经取得了重大进展。这些研究进展又可分为三大类:第一类为网站浏览和站内导航;第二类为互联网广告;第三类为在线购物和电子商务。在第一类有关网站浏览和站内导航的研究进展中,点击流数据研究显示了用户自身的浏览行为是如何随着其浏览网站和重复访问而发生动态调整和变化的。网络用户的这种行为模式,与用户学习效用理论以及对时间和信息价值之间的成本收益相权衡的理论发现是一致的。研究人员还发现,尽管用户在网站上访问的成本很低，其访问水平却出乎意料的低。这一发现有助于公司在网络上建立可持续业务并获得控制价格溢价的能力。在第二类有关互联网广告的研究进展中，点击流数据已经使研究人员能够以复杂的方式理解和模拟消费者对横幅广告以及电子邮件广告的响应行为。研究结果不仅能够证明这些广告载体的有效性，也可以帮助营销人员通过网站定位和定制化服务来提高效率。点击流数据研究目前已经开始触及付费搜索和在线口碑等方面，但尚未得到很好的发展。在第三类有关在线购物和电子商务的研究进展中，目前研究人员已经开发出可以成功预测电子商务网站访问者购买转换行为的模型，包括随机模型和复杂形式的二元选择模型。这些模型使网站管理员不仅可以预测和锁定用户行为，还可以更好地了解网站设计和结构元素对购买转化率的影响。此外，还有学者利用点击流数据研究在线拍卖的经验属性，包括后期出价或信息不对称的来源等。

点击流数据研究中已经出现了关于付费搜索和在线口碑等主题的研究，这些研究具有较大的潜力。未来研究人员对基于点击流数据的多渠道管理和推荐系统的研究，也应该能够产生新的成果。由于点击流数据捕获了互联网上许多不同的营销活动元素以及广泛的消费者决策信息，研究人员还可以据此构建不同行为的集成模型。

与计算机科学领域相比，市场营销领域关于点击流数据的研究还相对较少。首先，庞大的数据量和复杂的数据结构对于研究人员和从业者来说往往是令人生畏的。其次，为了更有效地获取有价值的信息，点击流数据通常需要增加变量，并与公司内的其他数据来源进行匹配。随着研究人员继续挖掘基于点击流数据研究的价值并陆续产生新的研究发现，这些问题终会解决。从营销角度来看，点击流数据分析仍处于研究生命周期的早期增长阶段，它已被成功引入营销领域，研究和应用前景十分广阔。

【补充资料】

点击流文献脉络梳理(2002—2018)

Johnson 等(2004)在其研究中探讨了家庭在电子商务网站之间的搜索行为，他们所分析的面板数据是来自 10000 多个家庭消费三种商品(书籍、CD 和航空旅行服务)的数据，研究结果表明这些家庭在商品购买过程中的在线搜索数量是非常有限的。在每类产品的热销月份，每个家庭平均会访问 1.2 个书籍网站、1.3 个 CD 网站和 1.8 个旅游网站。研究中使用搜索深度、搜索动态性和搜索活动等变量描述了个人层面的搜索行为，最终结果表明，在商品购买过程中更积极使用在线方式的家庭购物者倾向于搜索更多的网站，这种消费特征在很大程度上推动了其动态搜索行为。

Bucklin和Sismeiro(2003)使用记录在Web服务器日志文件中的点击流数据，开发了网站访问者浏览行为模型，并对相关模型参数进行了评估。该研究考察了网站访问者浏览行为的两个基本方面：①访问者继续浏览(提交新的页面请求)或退出网站；②查看每个页面所花费的时间。研究者提出了一种Ⅱ型托盘模型，它捕获了上述浏览行为两个方面的信息并摆脱了服务器日志文件数据的限制。研究者将该模型用于分析随机抽样出来的互联网汽车公司网站5000名访客的浏览行为。实证结果表明，汽车网站访问者继续浏览的倾向会随着对给定站点的访问深度和对站点的重复访问次数的变化而动态变化。这种动态变化与“站内锁定”或“站点黏性”以及带有重复访问的学习效用一致。特别是，重复访问会导致页面浏览量降低，但不会缩短页面浏览时间。结果还揭示了访客节省时间策略的浏览模式。最后，研究结论指出，在总体水平上通过简单网站指标得出的结果与在个体水平上通过建模得出的结果大不相同，这表明需要对截面数据的异质性进行分析。

Moe(2003)在其研究中指出，在实体店环境中，销售人员已经学会根据购物者店内行为对其进行分类。例如，一些购物者专注于特定产品。在这个情况下，销售人员可以介入并帮助购物者找到他们想要的产品。而有的购物者仅仅是浏览，有经验的销售者可以识别出这些购物者，并选择忽略他们或让其继续橱窗浏览，或者以适当的方式进行协调和试探以刺激购买。但是，在虚拟购物环境中，没有功能模块来替代这一角色。因此，该文从理论上提出并实证检验了一种商店访问类型，其中访问量根据购物者的目标而变化。通过使用来自给定在线商店的点击流数据，基于观察到的导航模式及访问者所查看页面的内容，访问者的访问行为被分为购买、浏览、搜索或知识建立访问，每种类型的访问购买可能性是不同的。与此同时，在每种情况下，购物者会受到不同动机的驱使，其对各种营销信息会做出不同的反应。以此种方式对访问者进行分类，使得电子商务营销者能够识别出可能的购买者，并为其定制、发送有效的促销消息。

Montgomery等(2004)在其研究中指出，点击流数据提供了用户访问页面顺序的信息和用户访问路径的信息。他们在研究中使用基于Web浏览的动态多项式概率模型对用户访问路径信息进行分类和建模，并使用来自在线书店的数据来估计此模型的参数。结果表明，动态多项式概率模型与传统的多项式概率模型和一阶马尔科夫模型相比能更正准确地预测用户访问路径。由于网站用户的访问路径可能反映了用户的目的，因此这个研究结果有助于预测网站的未来变化。动态多项式概率模型的一个潜在应用是预测用户的访问—购买转换率。该研究发现，用户访问观看产品6次后，模型预测其购买产品的准确率超过40%，而没有这一路径信息时，模型预测用户访问—购买转换的准确率仅为7%，因此包含路径信息条件后模型预测的准确率大大提升了。此模型也可应用于个性化的网站与网页设计和产品开发。

Sismeiro和Bucklin(2004)使用来自汽车销售网站的点击流数据开发了用户在线购买模型，并对模型的参数进行了估计。该模型通过网站用户的访问行为和访问页面的内容来预测其是否会做出购买决策。为了克服预测在线购买所面临的挑战，两位学者将用户购买决策过程进行了分解，一方面是预测用户购买任务的完成度，另一方面是在用户群体层面来解释异质性的问题。两位研究者在假设用户之前至少完成一项任务的基础上，对用户是否再一次完成每项任务进行了建模。结果表明，模型可以通过用户的浏览体验和导航行为来预测其所有决策任务的完成情况。结果还表明，用户重复访问的次数较高并不能说明其具有更高概率的购买行为，而且网站提供复杂的决策辅助工具并不能保证提高用户的访问—购买转换率。两位学者还将该模型的预测性能与单阶段基准模型进行了比较，结果表明该模型比二阶段基准模型能够更好地进行预测，可以识别出可能的购买者，这对网站管理员而言具有重要的指导意义。

Park和Fader(2004)研究指出，基于单个网站收集的“以网站为中心”的点击流数据虽然越来越多，但是从本质上来讲，这些数据集本身是不完整的，因为它们无法捕获跨网站的购物行为。顾客在一个或多个其他网站上的访问模式，可以提供其未来在某个感兴趣网站上的访问时机、访问频率或访问模式信息。两位学者构建了一个跨网站访问行为的随机时间模型，用于分析如何采用来自一个网站的信息来分析顾客在另一个网站的行为。浏览模式中包含了两个关联来源：一是两个定时过程(timing process)的可观察结果(即到达时间)；二是一系列竞争网站的潜在访问倾向。研究结果表明，如果模型不考虑这两种关联来源，不仅会导致拟合不佳和预测不准，参数估计还会产生系统性偏差。值得注意的是，该模型可以使用来自用户在其他竞争网站的历史访问模式的摘要信息，来准确预测“零级”用户（先前的非访问者到给定站点）的访问行为。

Poel 和 Buckinx（2005）研究了访问层面的一般点击行为、消费者人口统计变量和购买行为对用户在线购买行为的影响，研究结果表明，用户点击行为在预测其购买倾向时是很重要的变量。

Moe（2006）提出了两阶段经验选择模型，并将其应用于网络点击流数据的研究。两阶段经验选择模型可以观察到用户两个选择阶段的选择行为：产品浏览行为和产品购买行为。该模型允许用户在一个阶段内的选择行为相互依赖，也允许用户在每个阶段采用不同的决策规则，用户选择偏好和决策规则中包含了异质性。该模型用观察到的用户选择行为来推断产品属性偏好评级和准则属性。研究结果表明，在实际情境下，第一阶段评估的产品属性和第二阶段评估的产品属性是不同的。与现有理论一致，在早期阶段，消费者倾向于使用更为简单的决策规则，与此同时，消费者往往只会在其中一个选择阶段考虑产品价格属性和产品规格属性，而产品成分属性则会在两个选择阶段均有所考虑。从管理角度来看，将准则属性与模型所估计的属性偏好相结合来考察，对于商家制定促销战略如目标市场的选择和定位均有所帮助。

Balog、Hofgesang 和 Kowalczyk（2006）提供了 ECML / PKDD 挑战背景下对点击流数据的分析结果，该研究主要关注于对网络商店异常情况的监测和网络商店访问者基本情况的分析。通过描述性统计分析，他们发现了网站用户有几种不同寻常的访问模式。研究还通过导航图对不同的访问模式进行了标示，便于其他学者了解网站用户访问行为。

De Langhe、Fernbach 和 Lichtenstein（2016）指出消费者问卷调查获得的评价与在线消费者客观评价具有较低的相关性。而 Winer 和 Fader（2016）指出，考虑到一些尚未解决的统计问题、消费者使用评级、潜在的消费者群体背景、评级系统的动态性以及模拟生成的复杂性等因素，存在相关性低的问题并不令人惊讶。

Roth、Wänke 和 Erev（2016）在其研究中指出，新的网站和智能手机应用程序所提供的简单点击检查功能，可以帮助到更多领域的消费者。但是，这种技术并不是常常有效的。几位学者通过 4 个实验检验了单个因素对这种与有效检查相矛盾的偏差的重要性。实验 1、2 和实验 3 表明，与经验中的基本决策一样，检查决策反映了罕见事件权重的降低，这反过来又是共存不足和过多检查的充分条件。平均而言,即使检查有效,大多数程序检查工作都会影响计算机或手机性能。如果大多数点击检查都是有益的,即使检查平均而言会产生适得其反的效果,也会出现太多的检查。可以使用假定依赖过去检查决策经验的小样本的模型来捕获该模式。实验4表明,当目标是增加检查时,增加检查概率导致最佳可能结果的干预措施可能比降低检查成本的努力更有效。

Park和Chung(2009)利用点击流数据,通过观察网站转移现象来预测电子旅行者(e-travellers)的购买行为。点击流数据可用于预测电子旅行者的行为,因为它们提供了跟踪和记录的详细交易信息。该研究将电子旅行者的购买行为定义为搜索动机和现场参与的函数。以直接访问方式进入旅游网站的电子旅行者被假设为与具有目标导向的搜索动机相关联,而从被推荐的网站转移过来的消费者与一种探索性的搜索动机相关联。与从其他网站转移过来的电子旅行者相比,以直接访问方式进入旅游网站的电子旅行者会购买更多商品。两位学者分析了情景参与水平与购买行为之间的关系,发现电子旅行者在旅行网站内的持续时间和页面数量,通过双重认知路径(即中心路线与外围路线)与参与水平(即高与低)相关联。最后,研究检验了网站传输与网站访问持续时间之间的交互效应,即基于购买数量来看页面浏览数量。两位学者使用包含了1190个样本的在线面板数据,通过分层回归分析对所提出的研究问题进行了探究。结果显示,从其他网站转移过来的消费者的购买量低于直接访问网站的消费者的购买量。消费者在网站上停留的时间越长,浏览的页面越少,购买的可能性就越大。但是,对于从其他网站转移过来的电子旅行者群体而言,这种影响却是相反的。

Becker、Linzmajer和von Wangenheim(2017)指出,现有文献关于广告影响模型的研究十分广泛,但是对消费者在线购买的渠道偏好研究则关注较少。为了向广告商提供更好的评估客户渠道偏好的方法,该研究通过构建来自三个行业的四个多渠道点击流数据集(通过Cookie跟踪技术进行记录来获得的数据集)对消费者的购买路径进行了研究。该研究使用Cox模型和聚类技术支持对渠道曝光率的一般经验和行业特殊发现进行了描述,包括前因变量和不同的渠道点击序列。在不同的数据集中,在线用户均体现出了一个或两个渠道偏好,而非多个在线渠道偏好。研究发现,通过渠道同质点击序列和两个渠道的组合来作为购买预测变量是有效的。此外,该研究还就不同行业的渠道点击序列对购买意图的影响进行了分析,该结果不仅为广告领域的研究提供了新的见解，同时有助于广告商优化在线广告活动。

移动设备普及率的提高对消费者的在线购物行为产生了重大影响，消费者经常在不同购买方式（如移动设备或固定设备）之间切换。de Haan 等（2018）将设备属性、感知风险与每个产品类别相关联，提出了关于设备切换与访问—购买转换率之间存在相关性的假设。他们通过分析来自大型在线零售商的点击流数据来检验假设，并应用倾向得分匹配来测量消费者的设备切换行为。研究发现，当消费者从更智能的移动设备（如智能手机）切换到智能程度较低的移动设备（如笔记本电脑）时，其访问—购买转换率会显著提高。当产品类别相关的感知风险较高、产品价格较高，以及消费者对产品类别和在线零售商的体验较差时，移动设备切换对访问—购买转换率的影响会更大。此外，研究结果表明，消费者的购买路径中不同移动设备的组合情况对访问—购买转换率有重要性影响。仅关注单一移动设备对访问—购买转换率的影响是实践中惯常的做法，但会大大高估固定设备对访问—购买转换率的影响。

Moe 和 Yang（2009）研究了新竞争网站进入对在线消费者搜索行为的影响。研究者使用网站访问作为在线搜索的衡量标准，并将购物者搜索某个网站的趋势分解为该网站的基线搜索偏好以及访问该网站的惯性效应。他们发现惯性是搜索行为的重要驱动因素，并且很容易受到新竞争网站进入的干扰。这是一项新的重要发现，对于竞争性进入具有指导意义。两位学者开发了一种贝叶斯搜索模型，该模型将基线搜索偏好和惯性对网站访问的作用区分开来，并捕捉了新竞争网站进入的影响。他们将此模型应用于在线书店的互联网点击流数据，研究中主要关注 1998 年 Borders. com（在线书店）进入市场后的一系列变化。

Aguiar 和 Martens（2013）的研究使用来自 16000 多名欧洲消费者的点击流面板数据，分析了数字音乐消费者在互联网上的行为特征。该研究估计了非法下载和合法流媒体对数字音乐合法购买的影响，研究结果表明，互联网用户不会将非法下载视为合法数字音乐的替代品，虽然结果是正向且显著的，但弹性系数几乎为零，非法下载网站点击次数增加 10%会导致合法购买网站点击次数增加 0.2%。此外，研究发现在线音乐流媒体服务对数字音乐购买行为的影响会大一点（但仍然很小），这表明这两种音乐消费模式之间具有互补性。研究结果表明，合法流媒体网站点击次数增加 10%

会使合法数字音乐销售网站的点击次数增加0.7%，而且这些影响存在重要的跨国差异。

Flender、Peters和Müller(2012)研究指出，以数据为中心的服务能否成功取决于双重价值交易。在第一个价值交易中，免费提供在线搜索和在线社交网络等服务；作为交换，消费者提供点击行为或有关其身份的详细信息等数据。在第二个价值交易中，服务提供商基于一定的目的转换为数据提供商销售或使用数据，如在线广告或信用查询。消费者可能对上述数据使用方式不了解。一旦消费者发现在线服务商未经同意使用他们的数据，他们可能会感到愤怒并做出反应，从而威胁到市场效率。该研究提出了一种衡量双重价值交易中消费者信息不足时的模型，信息不足的证据将支持决策者和软件工程师改进透明度增强技术(transparency enhancing technology，TET)，以进行有效的信号传递和筛选。

Olbrich和Holsing(2011)在其研究中指出，社交购物社区(social shopping communities，SSC)是从社交网络和在线购物的联系发展而来。除了在比价系统(例如搜索领域)中的直接购物功能，SSC还提供用户生成的社交购物功能。这包括推荐列表、评级、样式(由用户安排的分类)、标签等，可以通过链接到在线商店("点击")来进行购买。SSC正处在受消费者欢迎程度高增长的阶段(如Polyvore每月吸引超过600万独立访问者)，因此近年来这种商业模式获得了相当多的风险投资。该研究通过分析点击流数据，研究了对预测SSC内的购买行为具有重要意义的因素，尤其是社交购物功能。文中的Logit模型大约包括273万条访问线程，并显示社交购物功能从正负两个方面产生了重大影响；标签和高评级对点击有正向影响；相反，使用的列表和样式越多，用户进行点击的可能性就越小，但列表和样式可以增强网站的用户黏性和浏览量。此外，使用的直接购物功能越多，用户进行点击的可能性就越小，增加交易成本和信息过载可能是潜在的原因。此外，研究还发现购物社区成员比普通用户更有可能进行点击，这也意味着购物社区成员更有价值。

Zhang(2006)研究指出，电子商务的不断发展使得企业必须了解消费者的搜索行为，由此电子商务网站和底层信息系统就可以更好地满足消费者的需求。该研究对经典搜索模型进行了扩展，以分析在线消费者的搜索行为。分析结果表明，消费者的搜索深度受各种因素影响，如搜索成本、个人消费差异和产品特征。该研究使用互联网营销公司comScore收集的

2002年7月至2002年12月的在线搜索点击流数据，以及购买音乐CD、计算机硬件和机票的点击流数据进行了模型检验。与之前研究中指出的搜索深度相比，这项研究发现消费者在网上购物之前搜索的次数更多，这反映了互联网用户的发展和在线零售业务的增长。

Srinivasan、Rutz和Pauwels(2016)研究了在线媒体中的消费者活动对销售的影响，以及它们与价格、广告和分销的传统营销组合元素的相互依赖性。该研究开发了一个综合的概念框架，将营销活动与消费者购买路径(P2P)上的在线消费活动指标联系起来。该框架提出，网络购买路径有三个基本阶段，即学习(认知)、感觉(情感)、行为，这些可以通过新的在线消费者活动指标来衡量，例如点击付费搜索广告可以用来衡量认知，喜欢或不喜欢某一品牌可以衡量情感等。该研究对快速消费品数据所进行的实证分析，支持了低参与度产品的知情途径(know-feel-do路径)的假设。

Diwandari等(2018)在研究中指出，访问者与电子商务网站的互动会产生大量存储在网络访问日志中的点击流数据。从商业角度来看，点击流数据可作为查找用户兴趣信息的重要途径。该研究提出了一种数据挖掘方法，用来查找用户对电子商务网站上感兴趣的产品。该研究使用PIE方法结合聚类和分类技术来调查用户兴趣。研究结果表明，该方法能够通过识别那些访问者感兴趣的产品，来协助分析访客行为和用户对电子商务网站产品的兴趣。

第二章

基于点击流数据的网站忠诚测量

本章简介：衡量网站的市场表现在网络经济迅速发展的今天变得越来越重要，本章首先回顾了品牌忠诚的概念，并根据网络环境的特点明确界定了“网站忠诚”的概念，在此基础上根据传统品牌忠诚度的测量方法发展了一个网站市场表现的测量方法，为网站管理者监测网站的市场运行状况提供了一个有价值的工具。

第一节 引 言

互联网作为重要的营销组合的基础，对政府、企业以及其他非营利性组织都变得越来越重要。大多数企业和其他组织都已经在互联网上建立了网站。不管这些网站对于企业或其他组织的作用如何（如发布广告、销售产品、沟通平台等），衡量这些网站的经营情况和检测网站的表现对于改善这些组织的网站管理都非常重要。

对网站的测量，最初是使用网站的“字节”和“浏览页面”来测量网站绩效，但后来一些学者认识到这些测量指标并不能很好地说明访问者对网站实际使用的情况，在某些情况下还会起到误导的作用。他们关注于“访问者”以及“唯一访问者”测量，尽管这些测量指标对了解访问者流量很有帮助，但是距离真实反映网站绩效，特别是评估网站是如何被使用的相差甚远。为了更有效地衡量网站的绩效，本章界定了“网站忠诚”的概念，并根据这一概念发展了一套在理论和实践中都有效的衡量网站市场表现的方法，为更好地管理网站提供决策依据。

第二节 网站忠诚的界定

网站忠诚的概念源自品牌忠诚，因此在界定网站忠诚前应首先回顾一下品牌忠诚的概念和发展。

一、品牌忠诚的概念

对品牌忠诚概念的研究开始于20世纪50年代Brown和Cunningham所做的实证研究。从20世纪60年代开始，品牌就成为消费者行为学的研究热点，一直延续至今。Jacoby和Kyner (1973)所提出的品牌忠诚概念是广泛受人关注的一个概念，他们认为品牌忠诚必须包括六个充分且必要的条件：①有偏的，非随机的；②行为上的回报，如重复购买；③时间表现；④由决策制定者所决定；⑤着眼于一个或多个品牌；⑥是心理过程（制定决策、评价）的函数。遵照这个概念，品牌忠诚反映了态度的本质和识别的特征。品牌忠诚暗示着重复购买行为是建立在认知、情感评估和倾向性因素的基础上的，即态度是品牌忠诚的最主要成分（Lim，Razzaque，1997）。这个定义也澄清了忠诚现象的不同方面，为测量提供了指导方针。更为重要的是，这个概念强调了品牌忠诚的构成应同时包含行为和态度成分。

对于品牌忠诚的定义，根据测量方法和对象的不同可分为两个流派：态度论观点和行为论观点。行为论观点将品牌忠诚看作一种行为：消费者系统性地购买相同品牌的产品。这一观点主张品牌忠诚的发展来源于消费者积极地增强对品牌的接受程度，并对此感到满意，这些心理引领消费者的重复购买。可是，问题在于行为的测量不能区别实际的品牌忠诚和出于特定原因（可能因为便利性、实用性、惯性或其他因素）的重复购买行为之间的区别。为此，态度论学派提议只要测量消费者的态度和信念就可以识别出真正的品牌忠诚者。从这个观点来看，品牌忠诚是消费者搜索和属性评估过程的结果，它引领着品牌信任和重复购买（Jonna，Stacey，2001）。

解决这个问题的一个方法是，将品牌忠诚看作一个复杂的多维度概念，即包含了认知、态度、行为的成分。因此，只有在消费者既有对特定品牌的态度偏好，又有相应行为表现，才能称作品牌忠诚。

二、网站忠诚的界定

尽管互联网上每日都有新的消费者，新的使用者数量的增长速度远远超过新的可访问网站的增长速度，而对访问者的争夺，也从吸引新的使用者转到保留现有的访问者(Danaher et al.,2003)上。在线竞争的加剧使得获得新的消费者更加困难，而且更加昂贵，这将推动管理人员更加重视品牌忠诚(Hanson，2000；Peppers，Rogers，1997)。

网站忠诚概念是传统品牌忠诚概念向在线消费者行为的衍生。因此，传统品牌忠诚与网站忠诚的理论基础是类似的，品牌忠诚的理论可直接用于网站忠诚。但是我们注意到，网站忠诚的产生基于互联网的营销活动和消费者的网上行为，因此，网站忠诚依赖于消费者管理和控制网站的技能及认知锁定。网站管理者需要猜想消费者对网站管理和控制的技能，以减少消费者迁移到其他网站的可能性(Danaher，Mullarkey，Esseagaier，2006)。

因此，对于网站忠诚的界定要突出消费者的网络行为特征。目前，对于网站忠诚还没人给出明确的定义，根据传统品牌忠诚的定义和消费者的网站行为特征，我们将网站忠诚定义为：消费者对网站的积极态度倾向所引发的对网站的积极访问行为，具体表现为更高的访问频率、更长的访问时间和更深度的访问。

第三节　网站忠诚的测量

由于网站忠诚与品牌忠诚的理论基础是一致的，即同时注重态度忠诚和行为忠诚两个方面，因此，在网站忠诚的测量上，我们借鉴了传统品牌忠诚的测量方法，发展出网站忠诚的测量方法。

一、传统品牌忠诚的测量

对于品牌忠诚的测量，最直接的方法就是测量重复购买，但忠诚无法与重复购买直接画等号，即忠诚的顾客会再次购买，但再次购买的顾客未必是忠诚的(Jacoby, Kyner, 1973)。因此,忠诚度的测量必须包括行为和态度两方面。

行为测量关注消费者已发生的购买行为,多以概率模型的形式出现。因为行为上的数据很容易收集,品牌忠诚的测量大部分是针对行为上的测量(Jacoby, Chestnut, 1978)。SCR(share of category requirements)是这些行为测量模型中的一种,是指在一个特定时间段内,在购买过某特定品牌的消费者中,该品牌所占的市场份额(Fader, Schmittlein, 1993)。这个测量是建立在消费者实际的购买行为或者其报告的行为的基础上的。SCR遵循这样一个直觉概念,即如果消费者重复购买这个特定品牌,那么他就忠诚于这个品牌。也就是说,品牌忠诚是根据重复购买来推断的(Bhattacharya,1997)。

根据SCR,消费者购买某一个特定的品牌比购买其他品牌更能满足其对产品的需求(Danaher et al., 2003)。它的优点是只需要一些基础的计算,并且可以在任何合计的水平上以简单的方式报告和解释。SCR是行业广泛使用的测量品牌忠诚的方法(Fader, Schmittlein, 1993; Bhattacharya,1997; Danaher et al., 2003)。一些大的数据提供商如Nielsen和IRI即为他们的顾客提供SCR的测量评估(Bhattacharya, 1997)。

二、网站忠诚的行为测量

测量网站忠诚的要素可能与传统营销环境不同。举例来说,不是所有的网站都办理交易,因此测量的焦点——"购买"可能要被替换为"重复访问"。不同的网站类型和功能的差异可能影响品牌忠诚的发展,因此有必要讨论更加一般的网站忠诚测量(Danaher et al.,2003)。对于网站忠诚而言,网站黏性似乎是更为接近的一个概念,黏性是网站所有质量的总和,它促使访问者更愿意逗留在本网站,而不是转移到其他网站上(Jonna, Stacey, 2001)。因此,对于网站忠诚的行为测量,我们可以通过网站黏性的指标来测量,即重复访问、访问持续时间和访问深度。

1. 重复访问

重复访问被定义为:一个访问者成功请求网页的序列构成了一次网站访问,一旦使用者在一个给定的时间周期内停止了一个站点访问请求,那么这次访问结束，下次这个访问者的访问便是重复访问（Supphellen，Nysveen，2001）。重复访问是网站黏性的决定性指标，类似于行为忠诚中的“重复购买”。在大多数的例子中，消费者返回某个特定的网站是因为他们期望网站能够给他们带来价值，因此重复访问是个很好的测量指标。

2. 访问持续时间

访问持续时间被定义为：在一次访问中使用者在网站上停留的时间总数。网站访问持续时间的增加意味着有更好的广告效果、更高的重复访问率和更高的预期收入（Danaher，Mullarkey，Essegaier，2006）。访问持续时间已经成为标准的行业测量指标，很多网络调查公司都将访问持续时间作为例行报告的内容（Danaher，Mullarkey，Essegaier，2006）。我们可以将访问持续时间看作行为测量中的“购买量”。

3. 访问深度

现实中存在很多导致超过平均持续期的访问行为，原因如混乱的导航、缓慢的链接和较长的下载时间，难以理解的内容，或者难用的购买和交易系统等（Jonna，Stacey，2001）。与这个概念相关的一个测量指标是网站访问的深度，即在一次访问中观看网页的数量。一些研究人员通过观看网页的数量来定义访问持续时间，这是因为传送速度、终端使用者电脑速度减慢和其他原因都会形成较长的访问期，相对而言，访问深度是个较好的测量指标（Jonna，Stacey，2001）。

综合以上的讨论，我们将重复访问和访问深度作为网站行为忠诚的测量指标，这类似于传统品牌忠诚测量中的重复购买和购买量，因此我们可以使用 SCR 作为测量网站行为忠诚的方法。类似于传统的品牌忠诚测量，我们首先将网站忠诚的 SCR 定义在个体访问水平上，然后合计到网站的市场水平上：

$$\mathrm{SCR}_{vi}(T)=\frac{\sum\limits_{t\in T}q_{vi}(t)}{\sum\limits_{j}\sum\limits_{t\in T}q_{vj}(t)} \tag{2-1}$$

式中，$\mathrm{SCR}_{vi}(T)$—— 个体访问者在给定时间长度 T（在传统测量中这个长度常常为一个月、一个季度或一年）内对网站 i 份额类别需求；

$q_{vi}(t)$—— 个体 v 在访问时机 t 访问网站 i 的网页数量（t 是指在给定时间长度 T 内所有访问时间），并且 j 是指这类网站中的所有网站。

市场水平的 SCR 统计量是通过所有个体方程(2-1)的简单合计计算的，这种合计计算是通过以每个访问者访问数量总和为权重对每个个体方程(2-1)的加权平均来计算的：

$$\mathrm{SCR}_i(T)=\frac{\sum_v \mathrm{SCR}_{vi}(T)Q_v(T)}{\sum_{v\in i}Q_v(T)}, \tag{2-2}$$

式中，$\mathrm{SCR}_i(T)$——网站 i 在给定时间长度 T 中的份额需求合计；

SCR_{vi}——个体水平的份额需求；

$Q_v(T)=\sum_{t\in T}\sum_j q_{vj}(t)$——个体 v 在给定时间长度 T 内的购买数量总和；

$v\in i$ 定界符——在给定时间内至少访问一次网站 i 的访问者合计。

三、衡量网站市场表现的应用

下面我们举例来说明如何利用网站忠诚的计算公式来衡量网站的市场表现。假定某一类网站中共有 3 个网站，5 个访问者一个月内的访问数据见表 2-1。

表 2-1 访问者网站浏览的点击流数据

访问者	网站 1		网站 2		网站 3	
	访问次数/次	平均访问页数/页	访问次数/次	平均访问页数/页	访问次数/次	平均访问页数/页
1	8	7	5	10	3	11
2	6	8	5	6	5	6
3	7	6	6	8	14	12
4	5	5	7	5	4	13
5	6	3	2	6	6	8

首先，我们根据公式计算个体水平上的 SCR，结果如表 2-2 所示。

表 2-2　访问者个体水平上的 SCR

访问者	网站 1	网站 2	网站 3
1	0.40	0.36	0.24
2	0.44	0.28	0.28
3	0.16	0.19	0.65
4	0.22	0.31	0.46
5	0.23	0.15	0.62

其次，汇总个体水平的 SCR，得到整体市场水平的 SCR，结果如表 2-3 所示。从结果中我们可以看出网站 3 的市场表现最好，而网站 2 的市场表现最差。

表 2-3　网站的市场表现

	网站 1	网站 2	网站 3
网站 SCR	0.27	0.25	0.48

第四节　本章小结

本章首先回顾了品牌忠诚的概念，并根据网络环境的特点明确界定了网站忠诚的概念，同时根据传统品牌忠诚的测量方法发展了一套测量网站忠诚的方法，为测量网站的市场表现和监测网站的市场运行状况提供了一个有价值的工具。由于计算机技术的发展，网站的管理者很容易获得网站访问者的访问信息，因此他们可以运用这种方法衡量网站的市场表现，为更好地管理网站提供帮助。

第三章

基于点击流数据的网站黏性与购买量关系分析

本章简介：随着手机上网用户规模的不断扩大，移动互联网已经成为人们获取信息、进行交易以及开展社交活动的重要工具，因此对移动互联网用户的上网行为进行研究，获得衡量移动互联网网站与内容提供商经营策略是否成功的标准就变得尤为重要。本章通过由WAP网站所提供的手机用户上网点击流数据研究了网站黏性与购买量之间的关系。研究结果表明网站黏性的三个方面（访问频率、访问持续时间和访问深度）与购买量之间存在显著的正相关关系。

第一节　引　言

随着中国移动运营商4G业务的开展、智能手机的普及，以及手机上网内容和应用功能的丰富，手机网民数量已经具有相当的规模，并且呈迅速增长的势头。中国互联网络信息中心（CNNIC）发布的第44次《中国互联网络发展状况统计报告》显示，截至2019年6月底，中国手机网民规模为8.47亿人，占整体网民的99.1%（中国网民规模为8.54亿人），相较2018年年底，手机网民增长超过2984万人。这表明通过手机上网的网民已经具有了相当的规模，并且增长势头强劲，因此研究这一群体的手机网络消费行为对学界和业界都具有重要的现实意义。

互联网以点击流的方式详细记录了网络用户的行为（如网络用户的网站访问活动、下载的网页、在每个网页上花费的时间等），为我们提供了一个深入分析网络用户访问行为的完美平台（Huang et al.，2007）。但是在学术上，由于学者们难以获得相关的访问与交易数据，目前基于点击流数据对网民访问行为的研究还不够深入。迄今为止，一些关于访问行为的研究主要包括重复访问（Patrali，Donna，2003；Moe，Fader，2004）、访问持续时间

(Peter, Guy, Skander, 2006)和访问深度(Johnson et al., 2004)等,而关于访问行为与购买行为之间的关系,还仅限于访问频率与购买行为之间的关系(Moe, Fader, 2004a)。另外,受移动终端的影响,手机上网行为本身有其特殊性,研究手机上网行为与购买行为之间的关系尤具意义,但目前受研究数据的限制,此类研究较少。

因此,本研究从网站黏性的角度出发来研究网民访问行为与购买倾向之间的关系,研究数据来自移动 WAP 网站所提供的手机用户上网点击流数据。借助本研究,可以识别出对移动互联网内容提供商最有价值的用户,为其市场细分策略提供指导与支持。

第二节 文献回顾

一、点击流数据

网页的日志文件可以在不被消费者注意的情况下记录他们的访问轨迹,因此可以低成本地获得大量数据。这些数据包含很多有用的信息,比如访问时间、访问页面、是否下载等,我们将这类数据称为点击流数据。点击流数据揭示了网民在网上的访问行为,访问者的每个点击就像他的每个脚步,揭示着他在网站内和网站间的选择(李双双,陈毅文, 2007)。因此可以使用点击流来进行定量模型的构建,为定量模型的定性解释提供帮助。

实际上,众多网站(包括电子商务网站与内容提供商)都会监控网站访问者的日常交易情况,期望从这些监控数据中获益,以提升网站的价值。然而日常监控如月度总访问量等,只应用了点击流数据所提供的众多信息中的小部分(Borgman, Hirsh, Hiller, 1996)。而点击流数据本身提供了非常丰富的信息,对这些信息进行深入挖掘和分析是十分必要的,其中应用点击流数据来研究访问者的网站黏性与购买量之间的关系一直都是研究者和内容提供商关注的焦点。

二、网站黏性与购买量之间的关系

大多数零售商已经意识到长期顾客重复购买的价值，在网络环境中，“保留长期顾客并获得重复购买”被称为“黏性”(Gillespie et al.，2007；Jonna，Stacey，2001)。黏性是网站所有质量的总和，它促使访问者更愿意逗留在本网站，而不是转移到其他网站上(Holland，Baker，2001)。网站黏性是网站吸引消费者长期留下，进行更多的深度访问并且更经常地返回的能力(Holland，Baker,2001)。网站黏性可以从访问频率、访问持续时间和访问深度三个方面来衡量。鉴于此，本书针对网上购物行为的特殊性，分别对手机上网用户的访问频率、访问持续时间、访问深度与购买量之间的关系进行了研究。

1. 访问频率

研究显示，经常逛街的人更有可能在给定的购物场合发生购买行为，(Bellinger，Robertson，Hirschman,1978；Roy,1994)，因而频繁的访问者往往成为首选的目标用户。有相当多的证据(理论的和实证的)表明越频繁的访问者越有可能在任何给定的情境之下成为购买者(Roy，1994；Janiszewski，1998)。Moe 和 Fader(2000)在其研究中指出，增加用户的兴趣可以提高其访问频率，而这也会提高用户的购买量。那么对于移动互联网网站或内容提供商而言，访问频率是否也与访问者的购买量有正向的联系呢？据此我们形成假设 1。

假设 1：手机上网用户的访问频率与购买量有着显著的正相关关系。

2. 访问持续时间

访问持续时间被定义为在一次访问中用户在网站上停留的时间总数。Danaher、Mullarkey 和 Essegaier(2006)在其研究中指出，网站访问持续时间的增加意味着更好的广告效果和更高的预期收入。访问持续时间已经成为标准的行业测量指标，很多网络调查公司都将访问持续时间作为例行报告的内容(Danaher，Mullarkey，Essegaier，2006)。从商业投资的角度来说，Demers 和 Lev (2001)指出，较长的网站访问持续时间也带来较高的每月存货周转率。尽管访问持续时间可能不会直接体现为股票价格，但其已经被一些专业人士视为网站未来收入的指示器。那么对于移动互联网网站或内容提供商而言，访问持续时间是否与访问者的购买量有正向的联系呢？

据此我们形成假设 2。

假设 2:手机上网用户的访问持续时间与其购买量有着显著的正相关关系。

3. 访问深度

网站的访问深度即访问者在一次访问中观看网页的数量。事实上,一些研究人员是根据用户观看网页的数量来对访问持续时间进行定义的,因为传送速度、网速减慢和其他因素都会形成较长的访问持续时间。那么访问深度与访问者的购买量是否有着正相关关系呢?据此我们提出假设 3。

假设 3:手机上网用户的访问深度与其购买量有着显著的正相关关系。

第三节 研究方法

一、数据

本研究所采用的数据来自某国内某个 WAP 网站所提供的手机用户上网点击流数据。当网民通过手机上网时,网站的内容提供商就记录下与访问时间、被访网站、网页、下载服务、服务价格及其在网站上所花费的时间相关的日志文件。内容提供商基于商业目的,会对点击流数据中的有关信息进行简单分类与编码,由此我们可以计算出每个用户所访问网页的日期、时间、访问持续时间等。

从本研究的目的出发,在任何一个线程中,网络用户每浏览一次某一特定的域名 URL,都被视为访问该网站一次。为了更好地巩固资料,我们以日为单位来合计访问量。例如,一个访问者可能会暂时离开一下,在同一天,他可能再次回到网站。然而,这个第二次访问不太可能被认为是重复访问,而是更适合看作第一次访问的扩展。因此,如果用户是在同一个日志天中,在不同的时点访问了该网站,我们会将其编码为一天之内从线程开始后的一次访问。

由于本研究对某一网站的访问时间选择以及重复访问的频率感兴趣,所以我们的数据是按照每个用户访问的日期顺序描述的。在观测期间,至少访问过该网站一次的所有用户都包含在了这个数据中。数据始于 2008

年的 3 月 1 日，到 2008 年 4 月 30 日为止，在这个期间，共有 19867 个唯一访问者访问过该网站，共计访问次数 32508 次，访问者的平均访问次数为 1.636。

二、变量

本研究在检验访问频率、访问持续时间、访问深度与购买量之间的关系时，拟使用的变量与内容提供商在获取点击流数据时所涉及的观察时间有关，即每个线程内发生购买的情况。

在线程情况以及相应日期情况的识别方面，线程是通过 Session ID 来识别的，访问者每访问一个网页，服务器都会记录其发生的时间，并相应分配一个 Session ID，同一个线程的 Session ID 是相同的，因此可以通过 Session ID 来识别每个线程的情况，此外服务器还会记录用户下载的情况。

(1)访问频率：指在两个月内(3 月 1 日—4 月 30 日)访问者使用手机访问该 WAP 网站的次数。

(2)访问持续时间：指访问者在观察期内，平均每次访问该 WAP 网站的停留时间(秒)。

(3)访问深度：以消费者每次访问 WAP 网站的访问页数(页)来衡量，即消费者在两个月内访问该 WAP 网站的累计页面。

(4)购买量：指消费者每次访问 WAP 网站下载收费产品的数量，然后汇总(两个月内购买所有产品的总数)。

本研究数据记录了消费者在 2008 年 3 月 1 日—4 月 30 日的访问情况，这些消费者最少访问过网站 1 次，最多访问了 43 次，平均访问 1.636 次，访问次数的分布如图 3-1 所示。访问累计时间最多为 28359 秒，最少为 1 秒，平均累计访问时间为 4284.5 秒，访问持续时间的分布如图 3-2 所示。

这些消费者在两个月内至少访问了网站的 1 个页面，最多访问了 725 个页面，平均访问 8 个页面，访问页面数量的分布如图 3-3 所示。另外，23.3%的消费者在两个月内至少购买了一件该网站的产品，76.7%的消费者没有购买任何产品，购买量的分布如图 3-4 所示。

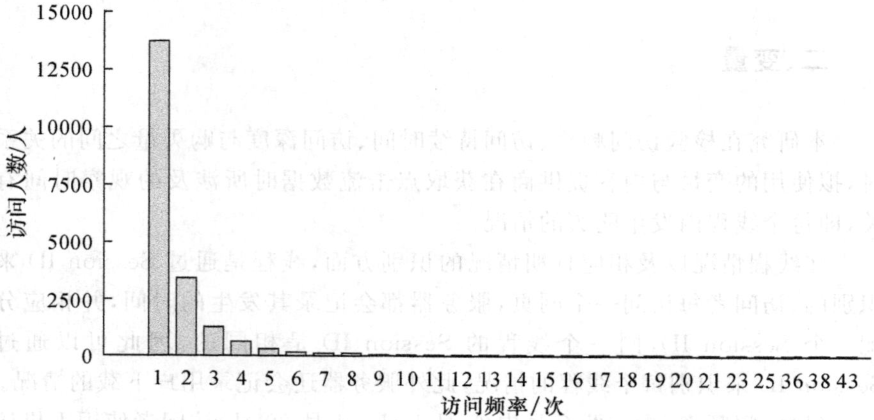

图 3-1　访问频率分布

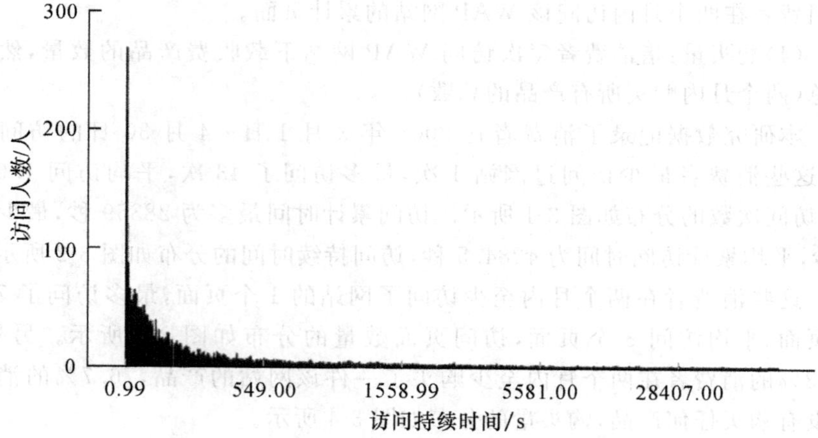

图 3-2　访问持续时间分布

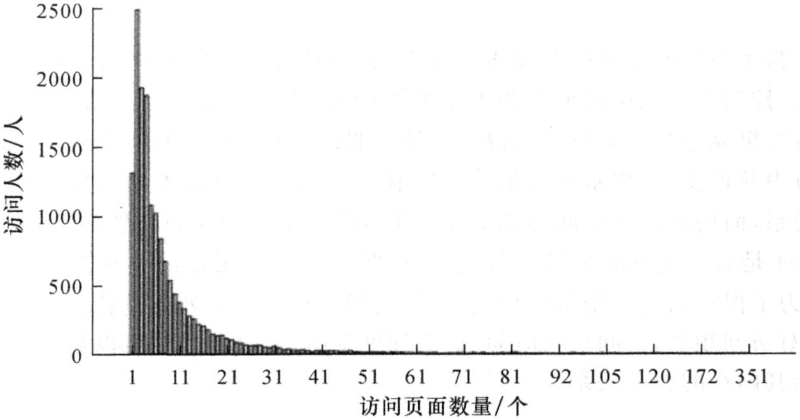

图 3-3　访问页面数量分布

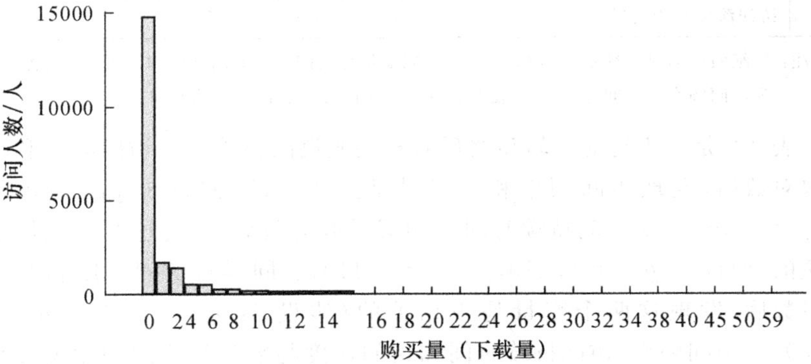

图 3-4　购买量(下载量)分布

第四节 研究结果

为了检验前文所提假设的有效性，我们计算了皮尔逊相关和皮尔逊偏相关（控制本研究中其他行为因素的影响）。表 3-1 是对相关结果的总结，分析结果显示只有假设 3 获得了支持。假设 1 和假设 2 只有在皮尔逊相关分析中获得支持，皮尔逊偏相关分析显示访问频次与购买量是显著的负相关关系，而访问持续时间与购买量关系不显著（$p>0.05$）。然而，图 3-1 至图 3-4 是有关变量的长尾分布，表明这些变量具有很强的非线性关系。因此，为了揭示出这些变量的相关关系，我们进行了一系列变量转换。研究发现，对访问频率、访问持续时间、访问深度和购买量取对数，可以帮助我们揭示出其内在的相关关系。

表 3-1 假设检验的相关分析

	变量	预期符号	皮尔逊相关（p 值）	皮尔逊偏相关（p 值）	结果
假设 1	访问频率和购买量	+	0.215（<0.0001）	−0.059（<0.0001）*	部分支持
假设 2	访问持续时间和购买量	+	0.140（<0.0001）	0.011（0.062）**	部分支持
假设 3	访问深度和购买量	+	0.520（<0.0001）	0.477（<0.0001）***	支持

注：拒绝假设的显著性水平为 0.05；* 表控制变量为访问持续时间和访问深度，** 表控制变量为访问频率和访问深度，*** 表控制变量为访问频率和访问持续时间。

表 3-2 是在进行对数转换之后对相关假设的检验。对访问频率和购买量取对数后，发现访问频率和购买量是正相关的（假设 1：$p_{相关}=0.387$，$p_{偏相关}=0.08$）。对访问持续时间和购买量取对数后，发现这两个变量是正相关的（假设 2：$p_{相关}=0.470$，$p_{偏相关}=0.110$）。同样对访问深度和购买量取对数后，发现这两个变量是正相关的（假设 3：$p_{相关}=0.625$，$p_{偏相关}=0.359$）。访问频率、访问持续时间和访问深度与购买量之间的相关关系在 $p<0.0001$ 水平下显著。在控制了本研究中其他行为因素的影响之后，访问频率、访问持续时间和访问深度与购买量之间的偏相关关系在 $p<0.0001$ 水平下显著。因此假设 1、假设 2 和假设 3 均是成立的。

表 3-2　变量转换后假设检验的相关分析

	变量	预期符号	皮尔逊相关（p 值）	偏相关（p 值）	结果
假设 1	访问频率和购买量	+	0.387(<0.0001)	0.080(<0.0001)*	支持
假设 2	访问持续时间和购买量	+	0.470(<0.0001)	0.110(<0.0001)**	支持
假设 3	访问深度和购买量	+	0.625(<0.0001)	0.359(<0.0001)***	支持

注：* 表控制变量为访问持续时间和访问深度，** 表控制变量为访问频率和访问深度，*** 表控制变量为访问频率和访问持续时间。

第五节　本章小结

与互联网一样，手机互联网上详细的、可分解的点击流数据使得我们可以更加仔细地了解手机用户的网络访问行为。本章探索了网站黏性的三个方面（访问频率、访问持续时间和访问深度）与购买量的关系。研究结果表明，访问频率、访问持续时间、访问深度与购买量之间存在显著的正相关关系，即访问频率越高、访问持续时间越长、访问页面数量越多的访问者，其购买量越高。因此，对于移动互联网网站或内容提供商而言，从访问频率、访问持续时间及访问深度三个方面来了解网民的访问行为，识别有价值的客户，并有针对性地实施强化网络忠诚的策略是十分必要的。

第四章
基于点击流数据的网络访问行为分析

本章简介：目前，基于点击流数据对网民访问行为的研究还不是非常深入，特别是基于手机点击流数据对手机用户网络访问行为的研究还很少，导致移动互联网网站或内容提供商在进行网站绩效衡量时缺乏相应的理论指导与支持。本研究通过使用由WAP网站所提供的手机用户上网点击流数据来研究访问者的访问模式，识别出对移动互联网内容提供商最有价值的用户，为其实施市场细分策略提供指导与支持。

第一节 引 言

正如同网络消费或购物出现的历史并不长却蓬勃发展一样，伴随着互联网而出现的点击流数据带动了新的研究潮流（李双双，陈毅文，2007）。本研究的目的就是通过使用由WAP网站所提供的手机用户上网点击流数据来研究访问者的访问模式，以期考察不同访问者访问行为之间的差异，以及当访问者具备某个网站的访问经验之后所发生的访问行为的演化，从而为移动互联网网站或内容提供商的绩效评估和制定市场细分策略提供指导与支持。

第二节 文献回顾

在网站记录的众多数据中，访问者的访问量一直都是学界和业界关注的重点，特别是在电子商务的发展初期，众多管理者均以累计数据作为衡量网站表现的依据，如使用唯一访客数量或一定时期内总的访问次数作为测定网站表现的指标（Moe，Fader，2004a）。然而，单纯地从访问量和单个网民的平均访问次数来评估网站的绩效，很有可能会掩盖真实存在的网民访问动态性（访问者访问频率的变化）。因为这些数据很有可能因为用户基础的改变，如新访客的流入（他们的访问频率可能相当高）和富有经验的用户的退出而被误导。

此外，随着时间的推移，很多网络零售商都意识到在很多情况下，访问量并不是一个有用的指示器，他们认识到访问者的网站忠诚与经营绩效密切相关。因为尽管互联网上每天都会有新的访问者，但是不断加剧的在线竞争使得各个网站在获取新的访问者方面更加困难，而且也更加昂贵，这就驱动着管理人员更加重视网络忠诚（Hanson，2000；Peppers，Rogers，1997）。这也就意味着网站在对访问者的争夺上，将会从吸引新的访问者转向维护现有的访问者（Danaher et al.，2003）。关于访问者网站忠诚的测量，众多学者从不同的方面进行了探究。Danaher 等（2006）曾指出访问持续时间是与网站忠诚密切相关的一个概念，网站访问持续时间的增加意味着有更好的广告效果、更高的重复访问率和更高的预期收入。Moe 和 Fader（2004）基于网站点击流数据，提出个体水平的访问和转化行为模型，以期使用访问—购买转换率对网站表现进行衡量。此外，还有学者使用重复访问频率和访问深度作为衡量网站忠诚的指标。然而，这些研究并未基于个体水平识别出每个访问者在整个观察期内访问行为的变化，而是从一些指标来对访问者的网络忠诚进行判别，未能从动态视角来研究访问者的经验积累所带来的学习行为，因此其对于网站表现的评估存在一定的片面性。

Johnson、Bellman 和 Lohse（2003）曾在其研究中指出，随着访问者访问经验的增加，其使用网站的认知成本会不断降低，因此随着访问次数的增加，访问者在每个线程中所花费的时间也越来越少。除此之外，伴随着访问者访问经验的增加，还出现了一些有趣的演化访问行为。在 Moe 和 Fader（2004）的研究中，他们为了避免单纯地从访问量和单个网民的平均访问次数这些数值来表明网站的绩效所导致的误差，真实地呈现访问者随着时间的推移所产生的演化行为，构建了一个全面的基于访问者个体水平的模型，来获得不同访问者在不同时间段访问模式的差异。该模型的一个非常重要的方面就是将访问者的演化行为（随着时间的推移，访问者在访问频率上的改变）纳入了模型之中。传统的购买行为随机模型假设购买率是保持不变的（Morrison，Schmittlein，1988），当这些模型在稳定的成熟市场进行检验时，这样的假设可能确实有效。然而，很多新的市场正经历着变迁

(Bronnenberg et al.，2000)，特别是像互联网这样的虚拟市场，个体的访问行为是经常变化的，因为模型的建构需要不断地适应新的环境。

移动互联网环境下，访问者日益增加且不断成熟，其访问行为会具有怎样的演化特征，特别是其访问率会呈现出怎样的趋势，以及互联网上的相关研究成果在移动通信领域是否同样适用等，都是值得深入研究的问题。本章将着重就这几个方面进行研究。

第三节 研究模型与数据

一、基于点击流数据的演化访问行为模型

基于点击流数据的演化访问行为模型是由 Moe 和 Fader 在 2004 年首次提出的，该模型包含了三个主要部分：①用于控制个体访问频率的时间选择程序；②用于调节个体差异的异质性分布；③演进程序，允许某一给定个体潜在的访问频率在一次访问与下一次访问之间发生变化。具体内容如下。

通过指数—伽马(EG)时间选择程序来为重复访问行为建模。假设每个个体的访问间隔时间服从参数为 λ_i(访问率) 的指数分布，则有：

$$f(t_{i,j};\lambda_i)=\lambda_i\exp\{-\lambda_i(t_{i,j}-t_{i,j-1})\} \tag{4-1}$$

此外，个体之间的访问频率是不同的。个体访问频率的异质性可以通过伽马分布来获得，其中 r 为形状参数，α 为尺度参数。这些分布的密度函数为：

$$g(\lambda_i;r,\alpha)=\frac{\lambda_i^{r-1}\alpha^r e^{-\alpha\lambda_i}}{\Gamma(r)} \tag{4-2}$$

λ_i 是个体 i 的潜在访问频率，t_{ij} 是第 j 次重复访问发生的时间，t_{i0} 是观测到的第一次访问时间。对于单一访问时机，就有下面常见的指数 — 伽马混合模型：

$$\begin{aligned} f(t_{ij};r,\alpha) &= \iint_0^{\infty} f(t_{ij};\lambda_i)\cdot g(\lambda_i;r,\alpha)\mathrm{d}\lambda \\ &= \frac{r}{a}\left(\frac{\alpha}{\alpha+(t_{ij}-t_{i(j-1)}}\right)^{r+1} \end{aligned} \tag{4-3}$$

指数—伽马模型是较好的基准模型，即使有时可能会违反指数或伽马的假设(Morrison，Schmittlein，1988)，然而这个模型在了解单个访问者访问行为的系统变化方面还不够(因为没有包含访问者访问行为的演化)。为了解释这种非稳定性(演化行为)，该模型对基本模型进行了新的扩展。扩展后的模型包含并且刻画了任何可能存在的演化——没有只是从单一的方面来考虑这个问题(同时考虑了访问频率的增加和减少两种情况)。在演化访问行为模型中，允许总体异质化分布随着访问者行为的变化而变化，访问者的变化包括其逐渐地再次评估他们的偏好和修正他们的行为。

需要指出的是，该模型假设在一次访问到下一次访问之间，访问者潜在的访问频率是不断增加的。其具体修正过程公式为：

$$\lambda_{i(j+1)} = c \cdot \lambda_{ij} \tag{4-4}$$

λ_{ij} 是指与个体 i 第 j 次重复访问有关的访问频率，c 是表示从一次访问到下一次访问间这一访问频率的修正乘数。如果修正乘数 c 等于 1，表示访问频率不变，那么稳定的指数—伽马模型依然有效；如果 c 大于 1，表示访问者随着访问经验的增加，会更加频繁地访问网站；如果 c 小于 1，表示由于访问者获得了访问经验，他们的访问频率会降低。

然而，使用恒定的乘数来修正个体的 λ 值，这种在异质化的环境中构建演进行为模型的方法是非常具有限制性的。一个更加一般化的方法是使用一个随机变量 c_{ij} 来代替这一恒定不变的修正乘数 c，也就是说访问率的更新或修正机制可以在不同的时间和不同的个体之间变化。每个个体的访问行为都会引起修正，这种修正可能是增加访问频率，也可能是减少访问频率，或者是保持之前的访问频率，这都依赖于这些随机修正乘数所产生的特定顺序。

根据上述分析，对式(4-4)进行一般化处理。假设这些概率乘数 c_{ij} 来自伽马分布，并且假设对不同的访问个体和不同的访问事件，这些乘数 c_{ij} 都来自同一伽马分布，该伽马分布的参数为(s,β)，其中 s 为形状参数，β 为尺度参数，则有：

$$h(c_{ij};s,\beta) = \frac{c_{ij}^{s-1}\beta^{s}\mathrm{e}^{-\beta c_{ij}}}{\Gamma(s)} \tag{4-5}$$

这个伽马分布从根本上描绘了在某一给定点访问行为演化的本质。修正的访问率 $\lambda_{i(j+1)}$ 实际上是两个独立伽马分布随机变量的乘积，即之前的访问率 λ_{ij}，以及修正的乘数 c_{ij}。通过使用两个参数(r 和 a)描述了访问频率的最初异质性，用另外两个参数（s 和 β）描述了修正过程，这个模型同时包含了访问行为演进和横剖异质性（即相同的访问者在不同的访问中访问频率的变化，以及不同的访问者访问频率的差异）。修正分布的一个值得注意的特征是它允许客户磨损（customer attrition），即访问频率的下降，因为伽马分布可以使 c_{ij} 无限接近于零。当此磨损发生时，个体的访问频率会极度地下降，而这样的磨损在网站上是非常普遍的（Fader et al.，2005）。

Moe 和 Fader（2004）的研究结果表明，演化访问行为模型在预测网民未来的访问量方面明显要比等效静态模型好。而且演化访问行为模型中所包含的演化这一组成部分，也可以帮助企业更好地了解访问者网络访问行为的其他方面（比如，频繁的访客是否构成最有价值细分市场的必要组成部分）。有鉴于此，为了初步了解手机上网用户的网络访问行为，本研究将应用 Moe 和 Fader（2004）所提出的演化访问行为模型，对模型进行估计，以检验该模型在手机上网领域的适用性，为手机上网内容提供商提供一些决策支持。

二、研究数据

本研究所采用的数据是由某 WAP 网站所提供的手机用户上网点击流数据。当消费者通过手机来上网时，网站的内容提供商就记录了与访问时间、被访网站、网页、下载服务、服务价格及其在网站上所花费的时间相关的日志数据。基于商业目的的日常运作，内容提供商会对点击流数据中的有关信息进行简单分类与编码。由此，我们可以计算出每个用户所访问网页的日期、时间、访问持续时间等。据此，我们便可使用该数据来对演化访问行为模型进行估计与实证检验。

从本研究的目的出发，在任何一个线程中，网络用户浏览的每个具有特定的域名 URL，都被视为访问该网站一次。为了更好地巩固资料，我们以日为单位来合计访问量。例如，一个访问者可能会暂时离开，在同一天，他可能再次回到网站。然而，这个第二次访问不应被认为是重复访问，而是更适合看作第一次访问的扩展。因此，如果用户是在同一个日志天中，在不同的时点访问了该网站，我们会将其编码为一天之内从线程开始后的一次访问。

由于本研究对某一网站的访问时间选择以及重复访问的频率更感兴

趣，所以我们的数据是按照每个用户访问的日期顺序描述的。在观测期间内，至少有兴趣访问过该网站一次的所有用户都包含在了这个数据中。我们的数据始于2008年的3月1日，到2008年4月30日为止，在此期间内，共有19867个唯一访问者访问过该网站，共计访问次数为32508次，访问者的平均访问次数为1.636次。如果以周为时间计算单位，我们通过分析可以得出，第9至13周的总访问次数为5888次，第14至18周的总访问次数为26620次。因此单纯地从累计访问次数的角度来看，第14至18周与第9至13周的访问量相比出现了大幅的增长，如果单纯依据这一指标来衡量网站的绩效，那么对于内容提供商而言，这将是一个十分好的消息。那么实际情况是不是这样呢？下面将通过模型检验来做进一步的探究。

第四节　模型检验

表4-1是两个模型极大似然估计结果，在表中，我们比照了稳定模型（模型A）与演化访问模型（模型B）的参数估计与拟和统计量。模型中的所有参数的估计结果均非常显著。两个模型得到的描述访问率伽马分布的形状参数比较接近，分别为2.790和2.304，可见访问率的分布特征均表现出偏峰和厚尾的特征。但两个分布的尺度参数则差异较大，分别为13.141和3.868。从分布的特征角度来看，模型B能够更好地刻画不同类型访问者的访问特征，即从低访问率到高访问率分布较广，这与现实情况更加贴近。而模型A的访问率分布带宽较窄，容易忽略高频的访问者。

表4-1　模型参数估计结果

模型	r	α	s	β	Log Likelihood
稳定模型 （模型A）	2.790 [0.108]**	13.141 [0.641]**	— —	— —	−52719.948
演化访问模型 （模型B）	2.304 [0.051]**	3.868 [0.271]**	2.182 [0.050]**	3.876 [0.088]**	−43685.136

注：方括号中的数值为参数估计的标准差，** 表示参数估计在0.01的水平下显著。

比较两个模型的对数似然值，显然模型B比模型A能更好地拟合研究的数据，模型的访问率分布密度如图4-1所示。具体而言，当稳定模型(模型A)用于数据时，我们发现访问频率的均值 $e[\lambda]=r/\alpha=0.212$。换句话说，平均每个访问者的访问间隔为4.71天。当演化访问模型(模型B)用于数据时，通过参数估计可以得出访问者的平均访问率 $E[\lambda]=r/\alpha=0.596$，即访问者的平均访问间隔为1.7天。引起这种实质性差异的主要原因是稳定模型假设所有的访问者在数据期间都是活跃的。也就是说，当访问者离开或者在观测期的剩余时间里没有返回，稳定模型会假设该访问者具有无限长的访问间隔时间，认为其不再活跃，而将其剔除。

根据模型B中 s 和 β 的估计结果，更新乘数的分布形状与模型B的访问率非常相似(见图4-2)，计算该分布的均值，得到 $E[c]=s/\beta=0.563$，平均更新乘数小于1，说明访问者的访问率呈下降趋势，也就是说访问者在某次访问后再次访问的可能性只有60%。

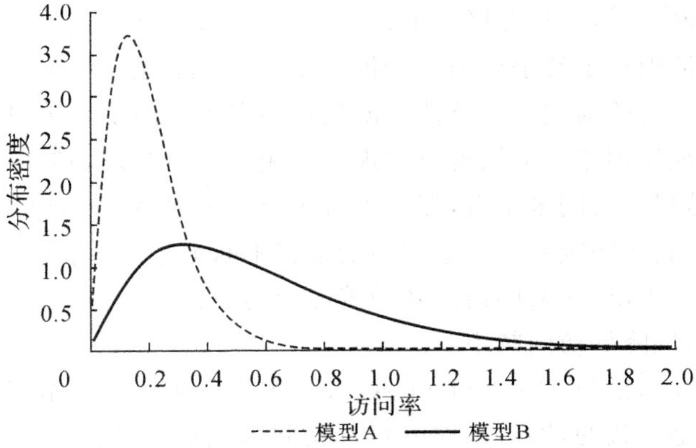

图4-1 不同模型的访问率分布密度

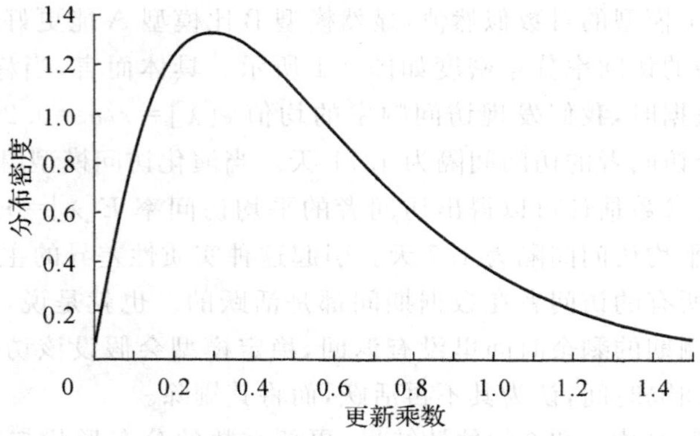

图 4-2 更新乘数的分布密度

第五节 本章小结

与互联网一样，手机互联网上详细的、可分解的点击流数据使得我们不仅可以更加清晰地了解手机用户的网络访问行为，而且可以研究其在上网过程中访问行为的演化。本章使用演化模型揭示出的手机用户网络访问行为模式与单纯使用累计数据得出的观点是相互矛盾的。如果单纯地从累计数据，尤其是累计访问量来看，那么手机用户在该 WAP 网站的访问行为应该是递增的，其访问频率会随着时间的推移不断地增加，而演化访问模型参数估计的结果指出，一般的访问者随着经验的积累，会对其访问行为进行修正，并且逐渐地降低访问频率。

本章研究结论与 Moe 和 Fader(2004)关于电子商务网站网民访问演化行为的结论是一致的，即对每周或每月访问数据这样的信息进行简单的归纳，对于了解个体的网站访问模式并没有太大帮助。使用累计数据，由于网站会不断产生新的访问者，他们所带来的累计访问次数的增加会使具有经验的访问者降低了访问频率的事实被掩盖，从而释放一种错误的利好信息，对网站管理者或内容提供商形成误导，不利于内容提供商采取及时有效的措施进一步优化管理。因此，本章所揭示的与传统观念相悖的事实，是值得网站管理者重视的。

鉴于本书是初次尝试使用 WAP 网站提供的点击流数据来检验手机互

联网网络访问行为，所以在很大程度上借鉴了关于互联网网络访问行为的相关研究成果，更多的是对原有理论和模型在不同领域的再次验证。此外，本书所使用的数据并没有指出每个访问者是在何时开始访问该网站的，因此所使用的模型只能给出关于手机用户访问频率的描述，以及在数据观测期间访问者的访问行为是如何改变的。在这个观测期，因为所有潜在的访问者都在适应和习惯网络环境，很有可能不会发现任何的演化行为。然而本书所使用的演化访问模型允许网站管理者对其演化倾向进行监控，并且可以知道其演化行为出现的时间。

此外，有学者指出，有些网站管理者认为只要访问者在网站停留时间足够长，就足以抵消网站为吸引他们所支付的成本，因而都着力于提供吸引访问者眼球的内容。但是随着时间的推移，很多网络零售商都意识到这不是一个有用的指标，开始意识到访问者的关系维护和忠诚度的建立与网站的良好经营密切相关。而有些学者的研究亦指出，网民的访问频率越高，其购买倾向也就越强。那么在手机互联网上是不是也具有这样的潜在关系呢？这种关系是否会受到产品特性的影响呢？这将是一个十分有趣和有价值的研究议题，而且也是我们未来关于手机上网行为研究的工作之一。

第五章

案例:双边市场中消费者行为分析

本章简介:双边市场在 IT 行业中十分普遍(如阿里巴巴、京东、Amazon、eBay、Google 等),并在全球经济中扮演着越来越重要的角色。本章首先系统回顾了双边市场的定义,并在此基础上对 Hagiu 和 Wright(2015)所提出的双边市场定义进行了解读,以便区分哪些平台属于双边市场,而哪些平台不属于。然后,以来自某大型在线旅行网站团购频道的点击流数据为研究对象,从管理者视角分析双边市场的两边即产品供应商(平台商户)市场和消费者市场的结构与现状,以此说明点击流数据在双边市场管理过程中的实际用途。

第一节　引　言

21 世纪初的互联网泡沫破灭后,以 Google 和百度为代表的网络平台企业成为讨论的焦点,诺贝尔经济学奖得主保罗 · 米格罗姆(Paul Milgrom)和著名经济学家布鲁诺 · 朱力安(Bruno Jullien)等知名学者投入大量时间和精力研究这类市场——双边市场,这些平台企业的运作策略难以用传统理论进行解释,它不仅具有网络效应,而且拥有不同类型的客户群体,并对不同客户(如搜索用户和广告商家)采用歧视性定价策略(李小玲,李新建,2013)。所谓的双边市场,主要是指这样的一种市场形态,在这个市场中的交易是基于某个平台企业通过向两边的用户提供服务以促成交易,并从双边用户的加入和交易的实现中获得利润,而且双边用户中一边数量的增加,会使另一边用户的平台效用提高,进而促使另一边用户规模增加。由于这种市场结构是由平台企业及双边用户共同构成及运行的,因此被称为双边市场(李煌,吕廷杰,郝晓烨,2013)。有关双边市场的文献研究了付费网站如何将信用卡持有人与零售商联系、商场如何将购物者与零售商联系以及电子游戏系统如何将游戏玩家与游戏开发商相联系。事实上，双边市场经济（有时也被称为多边平台）作为经济学和战略研究中十分活跃的研究领域之一，早在10多年前就出现了，该研究领域主要的开拓者有Armstrong（2002），Caillaud、Jullien（2003），Rochet、Tirole（2003；2006）等。

第二节　双边市场的定义

一、关于双边市场的早期定义

早期的双边市场定义大部分都关注于参与平台的两类或多类顾客群之间的交叉或间接网络效应存在的重要性。例如，Caillaud、Jullien（2003）强调中间商的不同顾客群之间要存在一定的间接网络外部性，而Rochet、Tirole（2003）指出，大部分具有网络外部性的市场都存在不同“两边”，而且其最终收益源于双方在同一平台的互动。Armstrong（2002）理解的双边市场的特点是“通过平台互动的两方代理，其中一方通过加入平台所获得的收益依赖于另一方参与平台的人数规模”。Evans和Schmalensee（2007）将双边平台的特征描述为“价格及其他战略在很大程度上受到平台双边之间的间接网络效应影响”的商业模式。在《新帕尔格雷夫经济学大辞典》中，Wright和Armstrong(2008)将双边市场定义为“平台允许两边不同的使用者之间进行互动，且一边对另一边的属性十分关心”，即他们所定义的交叉网络效应。Hagiu（2009）对双边平台进行了明确定义：双边平台将消费者和第三方生产商连接起来，且双边“进入相同的平台是为了能够进行互动，且平台对一边的价值越高，另一边的成员也就越多”。Rysman（2009）指出，“事实上，从技术的角度而言，有关双边市场的文献应属于网络效应文献的一个子集”。Choi（2010）指出“双边市场确定的特征就是为了增加与市场另一边的交易机会而产生的间接网络效应或交叉网络效应”。

基于上述相关定义的梳理可知，对于双边市场而言，参与平台的顾客群要存在单向交叉网络效应，或者参与平台的两方顾客群都要存在双向交叉网络效应。就前者而言，双边市场的定义存在过度包含的问题，如果只要求参与平台的顾客群存在单向交叉网络效应,那么双边市场就要把此方顾客群所关注的任何零售商(零售商所拥有供应商的产品数量和种类)和任何专业公司(专业公司所雇佣的专业人员的数量和类型)都包含进来。尽管此类交叉网络效应对于顾客选择零售商和专业公司十分重要,然而仅仅通过交叉网络效应的重要性来区分双边市场和普通企业往往并不十分有效。因为如果按照这一标准进行区分,那么只要任何企业所提供的产品对其中一方顾客群体的价值随着另外一个顾客群体需求的增加而增加,那么这个企业就属于双边市场(例如,一个企业为了增加时尚追随者对其产品的需求,面向时尚引领者提供企业产品和营销活动)。

就后者而言,由于要求参与平台的顾客群都存在双向间接网络效应,双边市场的定义同时存在包含不足与过度包含的问题。因为当一方顾客群的参与决定不依赖于另一方顾客群的数量时,间接网络效应就不会发生,例如,报纸(或者其他依靠广告支撑的媒体)的读者并不会在意广告数量的多少,那么报纸就不属于双边市场。而当零售商根据销售量向供应商付款或专业公司根据专家所服务客户的数量支付报酬时,双向的间接网络效应就发生了,但是此类情况并不属于双边市场。

Rochet 和 Tirole (2006)也曾指出交叉网络效应属于外生效应,依赖于平台本身的价格政策。例如,当预付卡行业或媒体平台按照每次互动的情况向其中一方用户收费时,可能会将一方用户的参与决策与另一方用户数量相分离,使间接网络效应消失,但是这并不能改变该业务属于双边市场的事实(Rochet, Tirole, 2006; Weyl, 2010),这也就进一步解释了为什么基于间接网络效应的双边平台定义会存在包含不足的问题。

Rochet 和 Tirole (2006) 从互动的角度,对双边市场提出了更为精确的定义。他们将根据每次互动收费的平台视为双边,将两边互动的市场称为双边市场,当然前提是平台的交易数量依赖于其对两边每次互动收费的结构(每次总的互动收费水平是恒定的)。Rochet 和 Tirole 认为两边定价的市场,如果其边际价格的划分不是中立的,或即使是中立的,但固定的费用结构十分重要,那么其属于双边市场。

但该定义同样也受到其他学者的非议(主要是那些对双边平台定义存在过度包含问题的学者),如 Rysman (2009)。例如,在现实世界中,零售商的价格结构(即其对消费者制定的价格和其支付给供应商的价格)也是十分重要的。此外,即使按照 Rochet 和 Tirole(2006)的说法,价格结构是中立的(假设零售商对使用美国运通卡收取额外费用,使美国运通卡的定价结构保持中立),这也无法改变美国运通卡的基础业务依然是持卡人和零售商能够通过运通卡直接进行交易这一特性,而这就说明美国运通卡是一个双边平台。此外,本研究将 Rochet 和 Tirole(2006)的"双边性"定义视为检验价格结构在多边平台中是否重要的一个方面,因为价格结构在预付卡行业中是一个十分重要的政策问题。在本研究中,我们的目标是确定双边业务或多边平台的重要经济特性。

二、Hagiu 和 Wright 对双边市场的定义

Hagiu 和 Wright(2015)将 eBay、大型购物中心、黄页目录网站和婚恋交友网站与其他企业区别开来(如面包店、酒店或汽车经销商),同时厘清那些双边市场特征并不是非常清晰的行业企业,如百货商店、电影院、电子游戏中心、有线电视或卫星广播公司、咨询公司、Skype 或 YouTube;同时,将多边平台定义为"主要通过允许依附于平台的两类或多类顾客之间直接互动来创造价值的组织",即多边平台是一个通过允许依附于组织的两类或多类不同顾客直接进行互动来创造价值的组织。

1. 组织(organization)

该定义使用"组织"是要明确多边平台的概念并不局限于常规企业,而且还包括很多企业集团、创造有价值互动服务的非营利性组织。此外,组织的一部分也可以是多边平台(其他部分不属于),在这种情况下,最合适的分析单位是组织的特定部分。

2. 主要价值来源(primary source of value)

在多边平台中,允许直接互动是平台创造价值的主要途径。这也就意味着平台创造的主要价值是帮助顾客与另外一类或多类顾客直接进行互动。对于一些组织而言,直接互动可能存在于不同类型的顾客之间,但是这种互动并不足以表明该组织就是多边平台。有鉴于此,我们认为多边平台是连续集合的一种极端情况,另外一种极端情况就是组织允许依附于组织的不同类型的顾客直接互动不能创造任何价值。那些将其产品或服务直接卖给顾客的传统公司,从第三方供货商那里购买产品和服务后,以自己公司的名义再进行转卖的组织(本书称其为中间商)可能属于这种情况。

该定义厘清了连续集的维度(即组织允许依附于自身的两类顾客进行

直接互动所创造价值的含义)。当通过这种方式所创造的价值并非组织所关心的主要价值时，将其归入多边平台是不合适的。例如，如果将组织所允许的直接互动取消后所带来的价值损失与取消组织所销售的其他产品或服务所带来的价值损失相比小得多，那么该组织并不属于多边平台。在大多数情况下，组织是处于这一连续集的两极之间的，而我们更关心是什么决定了组织在该连续集中所处的位置，而非其是否属于多边平台。

3. 直接互动(direct interactions)

互动包含了不同类型顾客之间的联合活动，一般是指相互之间沟通、交流和消费行为的组合。当组织 P 的 A 类顾客和 B 类顾客始终拥有活动关键条款的控制权时，他们的直接互动就属于此类互动。通常情况下，直接互动的含义是很清楚的。需要区分的其他情况包括：当 A 和 B 通过合同直接联系(A 与 B 的合同关系不受 P 的控制，如 eBay 或购物中心的买家和卖家、游戏开发商和视频游戏机的最终用户)时，或通过 P、通过一个或几个其他中间人联系。

4. 使可行(enabling)

对于一个组织而言，相关的直接互动仅指其专门“允许”的，如发生在该组织平台上或通过其发生的。例如，Yellowpages 允许潜在买方(读者)和卖方(广告商)直接互动，但是该互动仅限于广告商在其平台上向读者提供信息。在某些情况下，沟通、交换和消费行为都是由相同的多边平台所允许的(例如，苹果的 iPad 允许用户通过 App Store 浏览和搜索第三方应用程序，通过其苹果账户购买，并在 iPad 上直接使用这些应用程序)。在其他情况下，有的多边平台只是支持沟通和交换(例如 eBay)，而有的多边平台则只支持消费行为(如 Windows 操作系统)。

5. 依附(affiliation)

如果一个顾客是有意识地决定加入某平台，而且这是其与平台上的另一类顾客进行直接互动的必要条件，那么我们说该顾客“依附”于该平台。顾客的参与决定常常涉及一些固定资产的投入，而这既可以在平台上直接实现，也可以通过平台上的分销商(如零售商销售视频游戏系统的主机)实现。

6. 顾客类型(customer types)

所谓“顾客类型”，是指可以通过平台在其互动时进行区分的顾客类型。而这与之前大多数学者所采用的“顾客群”的概念是有很大不同的，这意味着在对顾客与平台做出从属关系决策时就要对顾客进行区分。

Hagiu 和 Wright(2015) 根据顾客与平台做出从属关系决策时的互动来区分顾客类型,他们主要有两个方面的考量。第一,对于一些平台来说,不同顾客群在加入平台时的区别是有问题的。第二,Hagiu 和 Wright (2015)的目的是将关注点从多边平台的边的数量(在研究双边市场的早期文献中这是十分重要的,它们关注于交叉网络外部性和不同顾客群之间价格歧视的可能性)转移到平台所允许的互动上来。在直接互动这个层面区分顾客类型还有另外一层含义,即我们可以像定义多边平台一样来定义单边平台:从多边平台的角度来看,在互动发生时,所有的顾客都属于同一类型的平台就是单边平台。

根据 Hagiu 和 Wright(2015)所提出的多边平台定义,我们可知传统意义上的超市和百货商店并不属于多边平台,因为消费者和供应商之间的互动并不是直接的,超市或百货商店并不仅仅销售供应商的产品和服务,同时它们还允许供应商通过自己的销售团队将产品展示给潜在顾客,但供应商的这种展示行为并不能将百货商店转变成多边平台,除非这种展示行为是百货商店创造价值的主要来源。同样,苹果的 iTunes 和 App Store 也不属于多边平台。iTunes 允许用户购买音乐、电影以及在 iPad、iPhone 或电脑上使用这些音乐和电影。iTunes 所允许的商业互动并非直接的,因为每当用户通过 iTunes 购买或租用音乐或电影时,他们就与苹果公司建立了合同关系,而不是与第三方音乐或电影制作方建立关系。同时,App Store 是允许直接进行商业互动的,因为苹果公司在其合同和责任中明确指出,用户对应用程序的购买行为是用户和第三方应用程序提供商之间的事情,而不是苹果公司的事情。

而淘宝、Amzon 以及京东商城则同时是分销商、多边平台和供应商。当这些平台以自己的名义购买和转卖产品时,它就是分销商;当它允许第三方销售者在其网站上进行销售(允许其与用户直接建立合同关系),并且只是简单地根据相应收入分成时,它就属于多边平台。

至于房产中介机构是否属于多边平台则有很多有趣的问题可以探讨。如一座城市仅有一家房地产经纪公司,那么就可以直截了当地视其为多边平台。该中介公司允许买方和卖方直接进行沟通和交易:潜在的买家可以在中介机构的网站上浏览由卖方发布的待售房屋信息(或销售目录),他们可以交换信息(尽管中介机构为了避免去中介化情况的发生,会试图限制其在销售点上的直接沟通),他们可以依赖中介机构来完成最终的交易(例如获取标准化的合同和辅助服务)。当然,买家和卖家是直接联系的,并且控制着谈判中所有的合同关键条款。如果不强行限制卖方与买方之间的沟通,那么房地产中介机构通过允许依附于它的卖方与买方之间直接互动所创造的价值会更大(接近于纯粹的多边平台)。在这种情况下,中介机构会将其中一方更为详细的信息提供给另一方,并可能会向卖家收取列表费和/或向买家收取搜索费,而不是针对成功的交易收费。然而,现实情况要复杂得多,在一座城市中,通常有许多房地产中介机构,因此,对于一笔典型的房屋交易而言,通常是一个买家与一个房地产中介机构交易,而一个卖家与另外一个房地产中介机构交易。在许多国家,这可能是通过双边协议来实现的,即几个中介机构合作完成交易并且共享交易费用。在美国(和一些其他国家),不同机构之间的协议是由区域内类似于多边平台的多边上市服务公司来代表不同的中介机构。对于这种合作事务,每个中介机构本身并不构成多边平台,但是由多边上市服务公司所创造的集体连锁机构就属于多边平台。

第三节　双边市场的点击流数据分析案例
——以网络团购平台为例

双边市场的管理方即平台企业的运作机制与传统产业下的企业的运作机制存在较大差异。本节将以管理者的视角分析双边市场的两边,即产品供应商(平台商户)市场和消费者市场的结构与现状,并说明点击流数据在双边市场管理过程中的实际用途。

一、网络团购平台与案例数据来源

1. 网络团购平台

2008 年 11 月,第一家团购网站 Groupon(见图 5-1)在美国上线,随后引起了广泛的关注。2010 年上半年,Groupon 团购模式被引入我国。

网络环境的不断优化和网民规模的不断扩大,为网络团购市场的发展奠定了坚实的基础,再加上团购网站初期启动资金少,市场准入门槛低,在

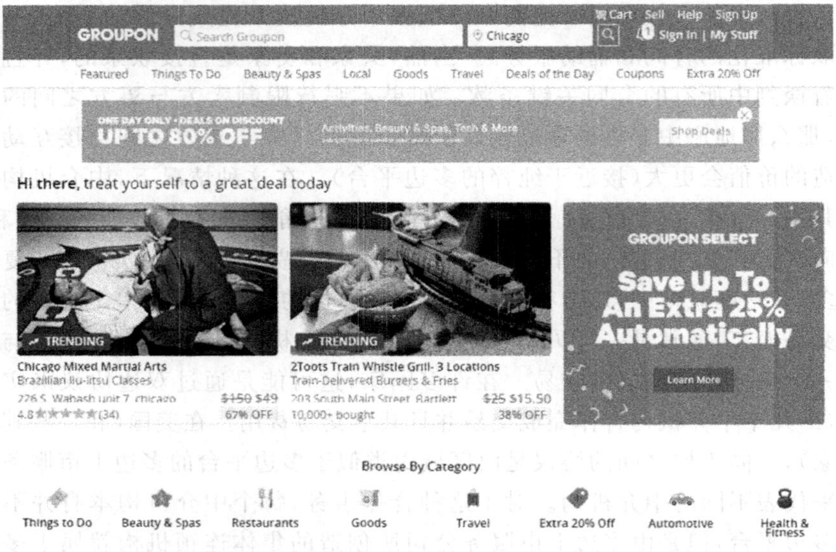

图 5-1 Groupon 网站主页

刚开始的两年时间里吸引了大批的入局者。

网络团购模式是指网民通过互联网这一信息交换平台，在团购网站上与商家进行交易，而团购网站从交易中获取服务费或产品差价的一种网络购物方式。网络团购的核心在于需求聚集和数量折扣（Anand，Aron，2003）。换言之，网络团购是一定数量的用户通过互联网渠道组团，以较低折扣购买同一种商品的商业活动。网络团购与一般网络购物活动最大的区别在于，它是一种合作型商务，消费者必须合作以形成数量上的优势，从而获得商品价格与服务的折扣。

作为第三方的独立团购网站的建立，标志着网络团购实现线上、线下多维合一，涉及商户、团购网站和用户三方。这是一种全新的商业模式，众多消费者聚合起来，与商家进行谈判和交易，而团购网站在其中起到中介的作用，并通过与商户合作组织团购活动而获得收入。网络团购既适合有产品和服务的一方，其通过批量打折的方式将产品和服务售出；也适合有共同需求的人群，他们集体购买产品和服务，享受折扣（韩钰，杜建会，郭鹏飞，2011）。在中国，团购业务竞争激烈，其核心是通过互联网相关营销资源的投入吸引消费者访问团购网站，然后通过一系列的操作过程将流量转化成订单,最终以订单转化率来体现销售绩效。

2. 案例数据简介

本研究所用数据来自中国某大型在线旅游网站团购频道,数据时间为某年1月1日至6月19日,该数据集为日期型数据,每笔数据详细记录了各在线团购产品当天的相关信息。整个数据集共计181727笔,包含了7991个团购产品的54个相关变量的信息。团购活动的动因可以从消费者、商家和团购网站三个方面来分析。

首先,从消费者的角度来看,他们总是希望购买到物美价廉的商品,满足衣食住行等需求。消费者的消费行为则取决于他们的收入水平、消费能力和对商品的偏好等因素。

其次,从商家来看,在激烈的市场竞争中立于不败之地是其始终如一的目标。新的市场竞争者可以通过团购这种营销模式,用低价吸引大量的消费者,迅速抢占市场。而已经发展得不错的商家也可以通过这种营销方式进行宣传,扩大自己的品牌影响力,提高销量,带来更多的经济利益。

最后,从团购网站的角度来看,它作为消费者和商家的中间方,通过提供交易平台,可以从中赚取佣金或差价。

在上述三者中,消费者对团购的发展起到了决定性作用,而消费需求则是团购市场发展的原动力。在团购网站兴起和发展的一年时间里,有些团购网站得到了快速的发展,迅速在各个城市扩张,几个月时间内就回收了所有的投资成本;而另一些团购网站则出现了运营困难、业务萎缩等状况,不得不退出市场。

二、网络团购产品供应商市场分析

(一)产品类别

根据网站本身对团购产品的分类,本数据集共包含了11个类别的团购产品,分别为“出境游”“国际游”“国内地接”“国内长线”“机票”“旅游商品”“旅游装备”“门票”“娱乐休闲”“周边游”及“其他”。

如表5-1所示,在所有团购产品中,类别为“周边游”的团购产品最多,共计1689个产品,所占比重为21.2%;其次是“国内地接”,共计1667个产品,所占比重为20.9%;“出境游”,共计1213个产品,所占比重为15.2%;

“旅游商品”，共计 925 个产品，所占比重为 11.6%；“国际游”，共计 923 个产品，约占 11.6%。而“旅游装备”、“娱乐休闲”和“其他”产品类别中所包含的产品数量较少，所占百分比分别为 0%、0.6%和 0.4%。

表 5-1 各产品类别中所包含的产品数量及占比

产品类别	产品数/个	占比/%	有效占比/%	累计百分比/%
出境游	1213	15.2	15.2	15.2
国际游	923	11.6	11.6	26.8
国内地接	1667	20.9	20.9	47.7
国内长线	641	8.0	8.0	55.7
机票	269	3.4	3.4	59.1
旅游商品	925	11.6	11.6	70.7
旅游装备	1	0	0	70.7
门票	572	7.2	7.2	77.8
其他	33	0.4	0.4	78.3
娱乐休闲	46	0.6	0.6	78.8
周边游	1689	21.2	21.2	100
小计	7979	99.8	99.8	
缺失值	12	0.2		
总计	7991	100		

1.“出境游”类产品在线数量的时间分布

“出境游”类产品平均每天在线团购产品数为 183 个，每日在线最少团购产品数量为 52 个，最多为 360 个，如图 5-2 所示。

2.“国内地接”类产品在线数量的时间分布

“国内地接”类产品平均每天在线团购品牌数为 237 个，最小值为 2 个，最大值为 608 个，如图 5-3 所示。

3.“国内长线”类产品在线数量的时间分布

“国内长线”类产品在线时间共计 171 天，平均每天在线团购品牌数为 18 个，最小值为 7 个，最大值为 40 个，如图 5-4 所示。

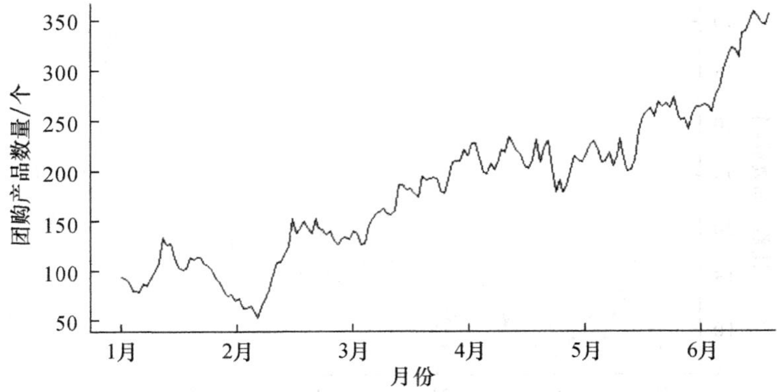

图 5-2 “出境游”类在线产品数量的时间序列分布

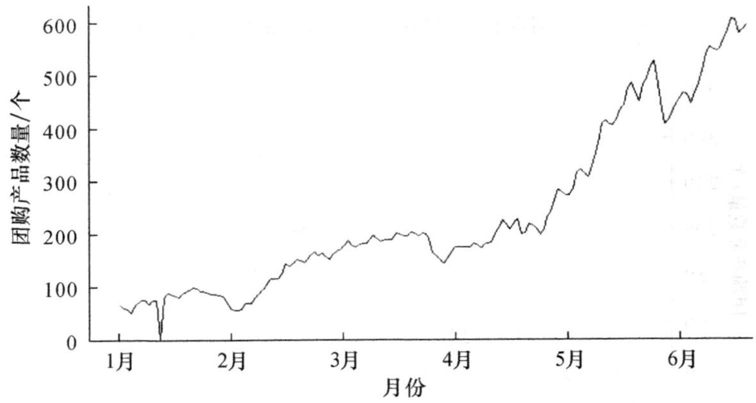

图 5-3 “国内地接”类在线产品数量的时间序列分布

4.“机票”类产品在线数量的时间分布

“机票”类产品上线时间共计 171 天，平均每天在线团购品牌数为 187 个，平均每日在线团购品牌的最小值为 28 个，最大值为 157 个，如图 5-5 所示。

5.“旅游商品”类产品在线数量的时间分布

“旅游商品”类产品的在线时间共计 171 天，平均每天在线团购品牌数为 187 个，平均每日在线团购品牌数量的最小值为 28 个，最大值为 358 个，如图 5-6 所示。

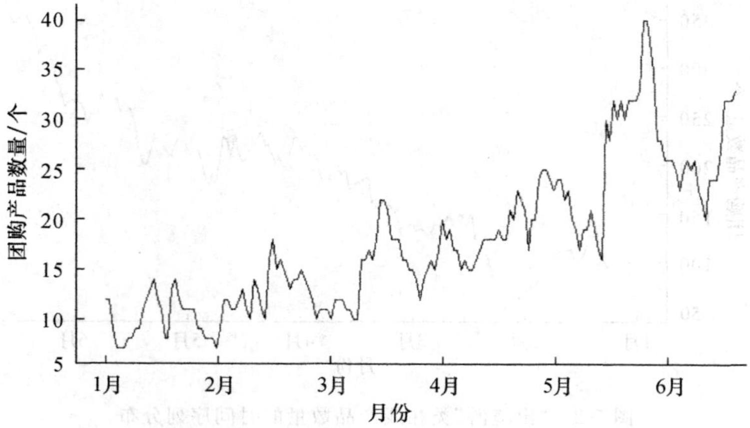

图 5-4 “国内长线”类在线产品数量的时间序列分布

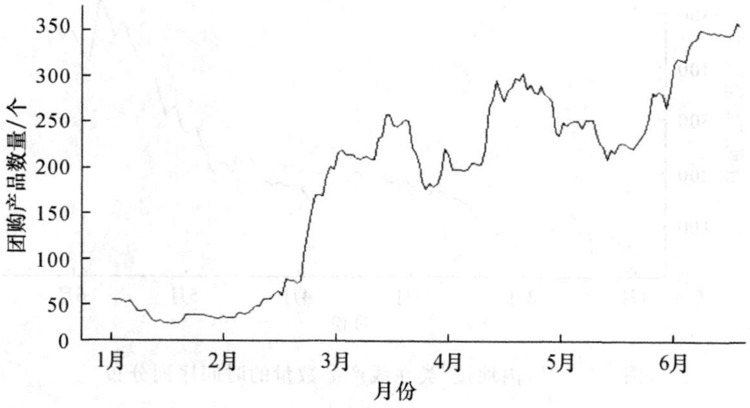

图 5-5 “机票”类在线产品数量的时间序列分布

6.“门票”类产品在线数量的时间分布

“门票”类产品的在线时间共计 171 天,平均每天在线团购品牌数为 296 个,最小值为 216 个,最大值为 425 个,如图 5-7 所示。

7.“娱乐休闲”类产品在线数量的时间分布

“娱乐休闲”类产品的上线时间共计 95 天,平均每天在线团购品牌数为 9 个,最小值为 1 个,最大值为 17 个,如图 5-8 所示。

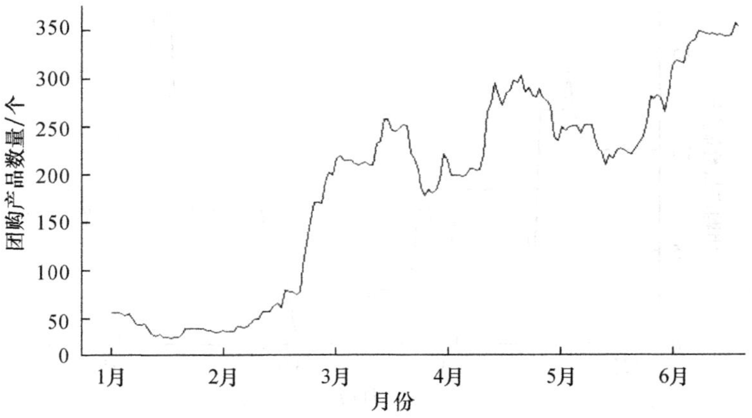

图 5-6 “旅游商品”类在线产品数量的时间序列分布

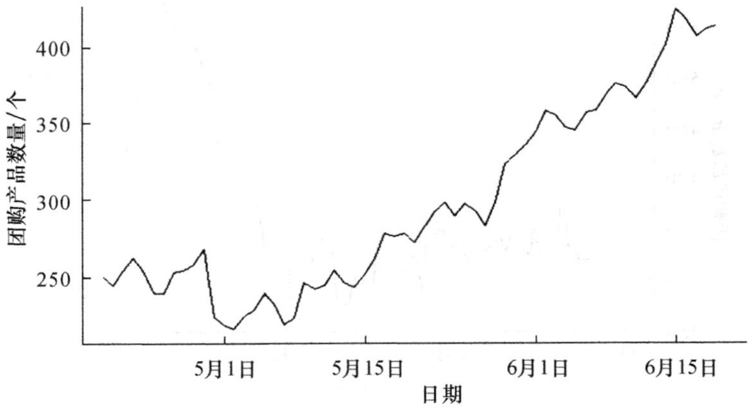

图 5-7 “门票”类在线产品数量的时间序列分布

8.“周边游”类产品在线数量的时间分布

“周边游”类产品的上线时间共计 109 天,平均每天在线团购品牌数为 383 个,最少为 252 个,最多为 576 个,如图 5-9 所示。

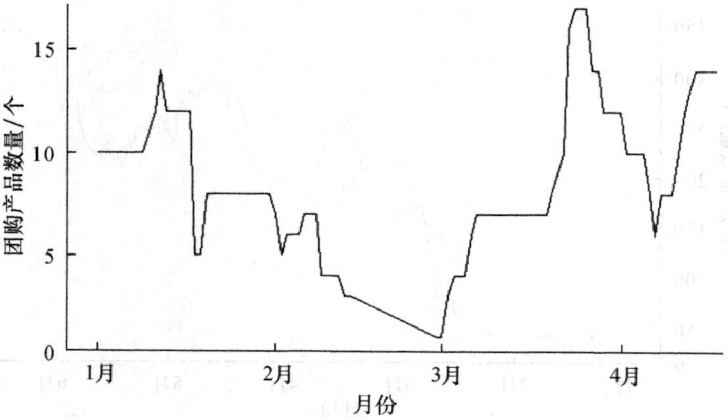

图 5-8 “娱乐休闲”类在线产品数量的时间序列分布

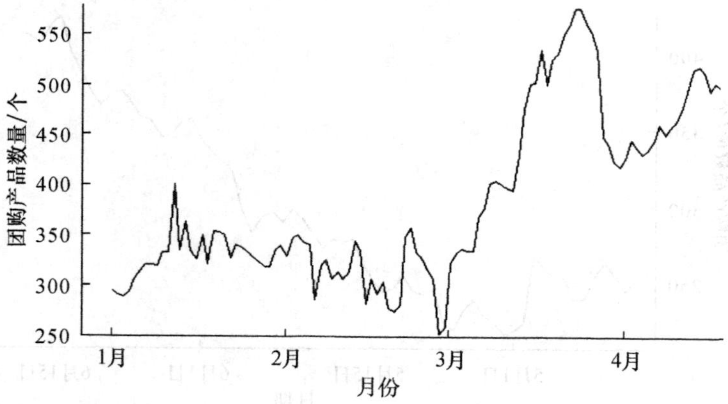

图 5-9 “周边游”类在线产品数量的时间序列分布

(二)产品在线天数

数据中所包含的 7991 个团购产品在线天数的均值为 22.74 天,最多为 171 天,最少为 1 天,在线天数的标准差为 17.55,如表 5-2 所示。

表 5-2 团购产品在线天数描述

产品数/个	在线天数最小值/天	在线天数最大值/天	在线天数均值/天	在线天数标准差
7991	1	171	22.74	17.55

注:团购产品在线天数以每个产品 ID 出现频次计算。

不同类别团购产品的在线天数情况如表 5-3 所示,其中“旅游商品”的平均在线天数最多,为 34.51 天,“旅游装备”的在线天数最少,为 2 天;产品数最多的“周边游”,其平均在线天数为 30.47 天;“国内地接”类团购产品的平均在线天数为 23.79 天;“出境游”类团购产品的平均在线天数为 14.91 天。此外,“旅游商品”在线天数的标准差最大,为 25.887,这说明“旅游商品”类产品的在线天数变异较大。

表 5-3 各产品类别在线天数描述

产品类别	在线天数均值/天	标准差	产品数/个
出境游	14.91	11.403	1213
国际游	14.55	11.824	923
国内地接	23.79	13.956	1667
国内长线	13.52	7.647	641
机票	11.43	7.575	269
旅游商品	34.51	25.887	925
旅游装备	2.00	—	1
门票	22.94	13.721	572
其他	31.15	13.479	33
娱乐休闲	25.17	9.776	46
周边游	30.47	18.809	1689
总计	22.76	17.549	7979

注:团购产品在线天数以每个产品 ID 出现频次计算。

(三)成本与利润分析

表 5-4 是基于产品(产品 ID)层面,对产品的日均毛利润、流量成本、制作成本(毛利润等各变量除以各团购品牌在线天数)的描述。毛利润日均值的最小值为−85.68 元,最大值为 17663.79 元,均值为 29.08 元,标准差为 226.5761,标准差较大,说明对于不同产品,其毛利润日均值存在较大差异。流量成本日均值的最小值为 0 元,最大值为 337.65 元,均值为 9.61 元,标准差为 16.8850。制作成本日均值的最小值为−11.89 元,最大值为 214.00 元,均值为 13.46 元,标准差为 20.1758。

表 5-4 成本与利润的分析

	均值/元	最小值/元	最大值/元	标准差
毛利润日均值	29.08	−85.68	17663.79	226.5761
流量成本日均值	9.61	0	337.65	16.8850
制作成本日均值	13.46	−11.89	214.00	20.1758
产品数	7991			

(四)供应商与区域管理

整个数据集共包含了795个商户的7991个团购产品。这7991个团购产品分别属于8个不同的销售大区或销售组,这些销售大区分别为"BD组""华北区""华东区""华南区""机票组""市场部""西南区""装备组"。每个销售大区中所包含的团购产品数量及所占百分比如表5-5所示,其中"华北区""华东区""华南区"的团购产品数量最多,所占百分比分别为28.8%、26.4%和19.6%;而属于"BD组""机票组""市场部"的团购产品较少,所占百分比分别为1.9%、0.3%和1.3%。

表 5-5 各销售大区中包含的产品数量及占比

销售大区	产品数/个	占比/%	有效占比/%	累计占比/%
BD组	150	1.9	1.9	1.9
华北区	2304	28.8	28.8	30.7
华东区	2113	26.4	26.4	57.1
华南区	1570	19.6	19.6	76.7
机票组	21	0.3	0.3	77.0
市场部	102	1.3	1.3	78.3
西南区	965	12.1	12.1	90.4
装备组	765	9.6	9.6	100.0
小计	7990	100.0	100.0	
缺失值	1	0		
总计	7991	100.0		

三、网络团购平台的消费者市场分析

(一)订单与支付

表 5-6 为不同产品类别每天的订单金额和支付金额。“出境游”和“机票”类团购品牌的日订单金额和支付金额均较高;“娱乐休闲”类团购品牌的日订单金额和支付金额均较低,而“旅游装备”类团购品牌的日订单金额和支付金额为 0。

表 5-6 不同产品类别的日订单金额和支付金额

产品类别	日订单金额/元	支付金额/元
出境游	1575.41	733.54
国际游	828.92	405.01
国内地接	809.23	398.74
国内长线	805.22	367.48
机票	1438.30	757.96
旅游商品	230.19	100.58
旅游装备	0	0
门票	416.29	220.58
其他	393.67	239.08
娱乐休闲	132.42	102.18
周边游	293.12	196.50

如图 5-10 所示,在 1—4 月,每日上线产品订单金额与支付金额同步波动;在 5 月,订单金额出现了多个高峰,而支付金额并未与之同步出现高峰,反而呈逐步下降的趋势。

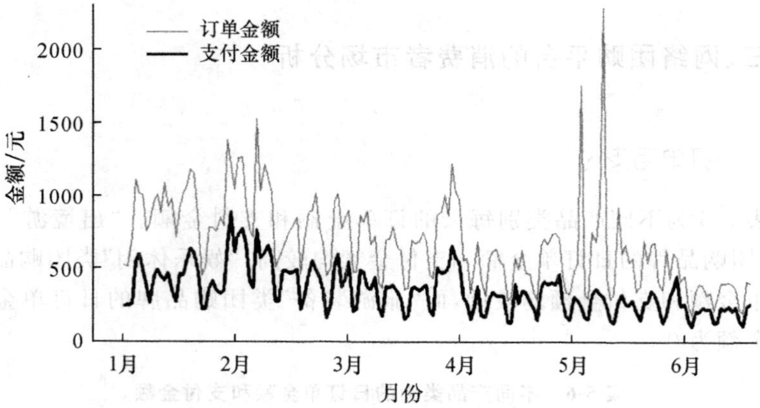

图 5-10 每日上线产品订单金额与支付金额均值的时间序列

（二）消费者网络使用行为的描述分析

表 5-7 是基于产品（产品 ID）层面，对数据集中展示量、点击量、订单量、支付订单量、购买量和支付量的日均值（展示量等各变量除以各团购品牌在线天数）的描述。由表可知，展示量日均值及点击量日均值的标准差较大，说明不同产品间的变异明显；订单量日均值、支付订单量日均值、购买量日均值和支付量日均值的均值在 0.44～1.40，标准差较小，说明对于不同的产品而言，其在这些变量上的变异不大。

表 5-7 消费者网络使用行为的日均值描述

	均值	最小值	最大值	标准差
展示量日均值/个	1717.00	0	689953.80	35958.95
点击量日均值/次	120.12	0	4220.67	211.06
订单量日均值/个	0.69	0	62.25	1.96
支付订单量日均值/个	0.44	0	45.09	1.37
购买量日均值/个	1.40	0	347.48	6.58
支付量日均值/个	0.86	0	118.66	3.05

如图 5-11 所示，从总体趋势来看，每日上线产品的毛利润和流量成本呈现出较为明显的同步波动，而制作成本总体上呈下降趋势。

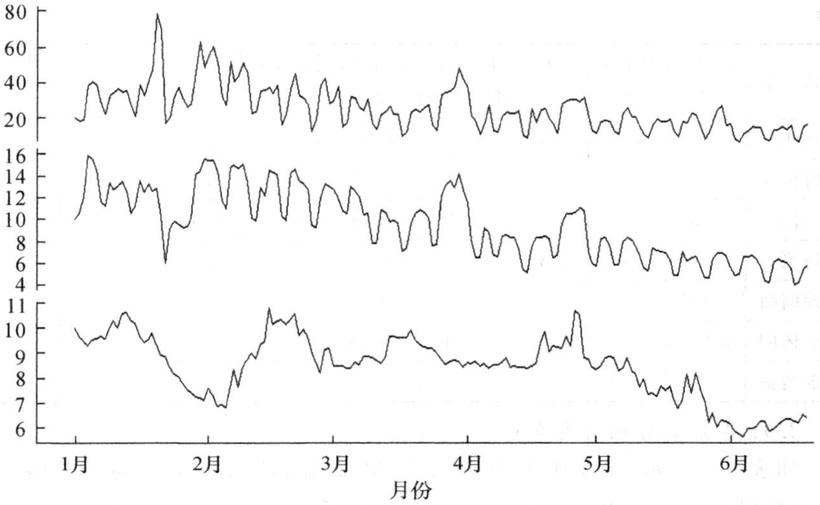

图 5-11 每日上线产品毛利润(上)、流量成本(中)和制作成本(下)均值的时间序列

1. 产品类别与相关变量的交叉分析

如表 5-8 所示,“机票”的点击量最高;“出境游”的展示量、点击量均为最高;订单量和订单支付量最高的为“旅游商品”“门票”,均高于 1;“门票”的退货数量偏高,为 0.17;“旅游商品”“门票”的购买量最高。

“机票”和“出境游”的毛利润最高,其次是“国内地接”;同时,“机票”和“出境游”的流量成本和制作成本也最高。

由表 5-8 可以推测,所有产品类别中,可能带来盈利的团购品牌包括“机票”“出境游”“国内地接”“国际游”“其他”“周边游”“门票”;而可能不盈利或亏本的团购品牌为“国内长线”“旅游商品”“娱乐休闲”。

表 5-8 产品类别与相关变量的交叉分析

产品类别	展示量/个	点击量/次	订单量/个	订单支付量/个	退货数量/个	购买量/个	支付量/个	流量成本/元	制作成本/元
机票	21469	205	0.55	0.23	0.02	0.91	0.46	16.39	16.99
出境游	24095	167	0.36	0.18	0.02	0.67	0.38	13.36	15.04
国内地接	19096	126	0.80	0.48	0.08	1.45	0.93	10.08	7.51
国际游	9620	77	0.17	0.08	0.01	0.32	0.16	6.13	11.23

续表

产品类别	展示量/个	点击量/次	订单量/个	订单支付量/个	退货数量/个	购买量/个	支付量/个	流量成本/元	制作成本/元
其他	13574	109	0.93	0.60	0.09	2.10	1.43	8.73	7.08
国内长线	18653	117	0.33	0.16	0.02	0.64	0.33	9.35	13.95
周边游	17630	99	0.82	0.58	0.08	1.93	1.41	7.93	—
门票	16623	90	1.56	1.07	0.17	4.38	2.64	7.24	5.62
旅游商品	4231	87	1.84	1.31	0.02	2.81	1.56	6.93	5.30
娱乐休闲	13697	85	1.03	0.81	0.04	2.19	1.75	6.81	6.51
旅游装备	4	0	0	0	0	0	0	0	0.01

2.订单类型与相关变量的交叉分析

如表5-9所示，订单类型为“通票”和“骆驼券”团购品牌的日均展示量最高，分别为37478和19346，其次为“商户券”，其日均展示量为12825；日均点击量较高的订单类型为“骆驼券”“通票”“商户券”，其点击量分别为124、122和115；日均订单量高于1的订单类型为“商户券”和“快递”；日均退货数量较高的订单类型为“商户券”和“通票”；“商户券”“快递”“通票”的日均购买量和日均支付量均较高，日均购买量分别为4.53、2.58和2.00，日均支付量分别为3.31、1.49和1.44。

日均毛利润较高的订单类型为“骆驼券”“商户券”“快递”，其日均毛利润分别为28.62元、24.07元和12.55元。

日均流量成本和制作成本较高的团购产品的订单类型为“骆驼券”“商户券”“通票”，上述三类团购品牌的日均流量成本均高于9元，日均制作成本均高于6元。

表5-9　订单类型与相关变量的交叉分析

订单类型	展示量/个	点击量/次	订单量/个	订单支付量/个	退货数量/个	购买量/个	支付量/个	流量成本/元	制作成本/元
骆驼券	19346	124	0.69	0.41	0.07	1.46	0.88	9.90	9.84
商户券	12825	115	1.78	1.27	0.12	4.53	3.31	9.24	6.33
快递	5800	88	1.62	1.15	0.02	2.58	1.49	7.01	5.31
通票	37478	122	0.75	0.53	0.11	2.00	1.44	9.79	7.55
二维码	8816	38	0.48	0.36	0.07	1.23	0.95	3.07	4.45

从表 5-9 可知，订单类型为“骆驼券”“商户券”“快递”的可能为盈利团购品牌，而订单类型为“通票”和“二维码”的团购品牌可能不会盈利。

3. 价格设置与相关变量的交叉分析

如表 5-10 所示，不同价格设置下，展示量最高的为“单一价格”，其次为“机票项目”；各价格设置下，点击量差异不大，“机票项目”的点击量最高；“单一价格”的订单量最高，超过 1；订单支付量较高的为“单一价格”和“套餐价格”，但都小于 1；不同价格设置下，退货数量的差异不大，均低于 0.1；购买量大于 1 的为“单一价格”和“套餐价格”，其日均购买量分别为 2.47 和 1.48。

不同价格设置下，毛利润最高的团购品牌为“机票项目”，为 30.77 元，其次为“单一价格”和“套餐价格”。而不同价格设置下，流量成本差异不大，制作成本较高的为“机票项目”。由表中数据可以推测，在不同的价格设置下的团购品牌均有盈利的可能。

表 5-10　价格设置与相关变量的交叉分析

价格设置	展示量/个	点击量/次	订单量/个	订单支付量/个	退货数量/个	购买量/个	支付量/个	流量成本/元	制作成本/元
单一价格	16582	109	1.14	0.78	0.09	2.47	1.62	8.73	6.70
机票项目	16303	117	0.17	0.08	0.01	0.30	0.16	9.37	14.83
套餐价格	12148	104	0.94	0.58	0.03	1.48	0.77	8.30	7.99

四、影响消费者行为的相关要素分析

（一）消费者不同类型行为之间的相关性

如表 5-11 所示，不同产品类别下，展示量与点击量、点击量与订单量、点击量与购买量、订单量与订单支付量、购买量与购买支付量之间的相关系数均为正数，相关系数在 0.15～1.00。这说明，对于不同类型的团购品牌，展示量与点击量、点击量与订单量、点击量与购买量、订单量与订单支付量、购买量与购买支付量之间呈同向变动关系。

表 5-11 不同产品类别相关变量的相关系数

产品类别	展示/点击	点击/订单	点击/购买	订单/订单支付	购买/购买支付
出境游	0.65***	0.64***	0.58***	0.95***	0.97***
国际游	0.71***	0.82***	0.79***	0.97***	0.96***
国内地接	0.80***	0.56***	0.43***	0.97***	0.98***
国内长线	0.68***	0.55***	0.49***	0.93***	0.93***
机票	0.53***	0.57***	0.54***	0.90***	0.92***
旅游商品	0.39***	0.76***	0.33***	1.00***	0.37***
门票	0.35***	0.69***	0.40***	0.98***	0.49***
其他	0.15***	0.50***	0.41***	0.98***	0.96***
娱乐休闲	0.30***	0.89***	0.89***	1.00***	1.00***
周边游	0.50***	0.76***	0.69***	0.99***	0.99***

注：*表示显著性水平大于0.05，**表示显著性水平大于0.01，***表示显著性水平大于0.001。

展示量与点击量：不同产品类别下，二者之间的相关系数在0.15～0.80；“国内地接”类别的团购品牌，其展示量与点击量之间的相关系数最大，为0.80；“国际游”和“国内长线”类别的团购品牌的相关系数也较高，分别为0.71和0.68；“旅游商品”“门票”“娱乐休闲”“其他”类别的团购品牌的相关系数相对较低，均低于0.40。

点击量与订单量：对于不同类别的团购产品，其点击量与订单量之间的相关系数在0.50～0.89，相关系数均大于或等于0.50；“娱乐休闲”类团购品牌的相关系数最高，为0.89，其次为“国际游”“旅游商品”“周边游”，相关系数分别为0.82、0.76和0.76。

点击量与购买量：对于不同类别的团购产品，其点击量与购买量之间的相关系数在0.33～0.89；“娱乐休闲”“国际游”“周边游”之间的相关系数较高，分别为0.89、0.79和0.69。

订单量与订单支付量：不同产品类别下，订单量与订单支付量之间的相关系数在0.90～1.00，均高于0.90；“旅游商品”和“娱乐休闲”类型的团购品牌，其订单量和订单支付量之间的相关系数为1.00；“机票”类型的团购品牌，其订单量与订单支付量之间的相关系数相对较低，为0.90。

购买量与购买支付量:不同产品类别下,购买量与购买支付量之间的相关系数在0.37～1.00;“旅游商品”和“门票”类型的团购品牌,其购买量与购买支付量之间的相关系数较低,分别为0.37和0.49,而其他类型团购品牌的相关系数均高于或等于0.92。

(二)消费者不同类型行为与团购价格的相关性

点击量与团价:如表5-12所示,不同产品类别下,点击量与团价之间的相关系数在-0.16～0.16,“国内地接”和“周边游”类型的团购品牌,点击量与团价之间的相关系数为正值,分别为0.16和0.12,其他类型的团购品牌,二者之间的相关系数均为负数。这说明,对于“国内地接”和“周边游”类型的团购产品而言,随着团购价格的提高,其点击量也会有所增加,而对于其他类型的团购品牌,随着团购价格的提高,其点击量呈下降趋势。

订单量与团价:不同产品类别下,订单量与团价之间的相关系数在-0.33～-0.02,其相关系数均为负值,这说明随着团价的提高,各团购品牌订单量均呈下降趋势。

支付订单量与团价:不同产品类别下,支付订单量与团价之间的相关系数在-0.36～-0.03,其相关系数均为负值,这说明随着团价的提高,各团购品牌的支付订单量均呈下降趋势。

购买量与团价:不同产品类别下,购买量与团价之间的相关系数在-0.37～0.01,除“门票”类团购品牌外,其他类型团购品牌的相关系数均为负值。这说明随着团价的提高,“门票”类团购品牌的购买量会呈现出同向波动的趋势,而其他类型团购品牌的购买量则会呈现出反向变动的趋势。

购买支付量与团价:不同产品类别下,购买支付量与团价之间的相关系数在-0.42～-0.05,其相关系数均为负值。

表5-12　不同产品类别团购价格与相关变量的相关系数

产品类别	点击/团价	订单/团价	支付订单/团价	购买/团价	购买支付/团价
出境游	-0.16***	-0.16***	-0.15***	-0.16***	-0.14***
国际游	-0.15***	-0.14***	-0.12***	-0.14***	-0.12***
国内地接	0.16***	-0.12***	-0.16***	-0.16***	-0.19***
国内长线	-0.08***	-0.24***	-0.27***	-0.24***	-0.25***

续表

产品类别	点击/团价	订单/团价	支付订单/团价	购买/团价	购买支付/团价
机票	−0.14***	−0.16***	−0.14***	−0.15***	−0.13***
旅游商品	−0.06***	−0.13***	−0.14***	−0.04***	−0.13***
门票	−0.02***	−0.02***	−0.03***	0.01***	−0.05***
其他	−0.10***	−0.33***	−0.36***	−0.37***	−0.42***
娱乐休闲	−0.03***	−0.12***	−0.12***	−0.14***	−0.13***
周边游	0.12***	−0.09***	−0.12***	−0.14***	−0.15***

注：*表示显著性水平大于0.05，**表示显著性水平大于0.01，***表示显著性水平大于0.001。

(三)消费者不同类型行为与市场价格的相关性

点击量与市价：如表5-13所示，不同产品类别下，点击量与市价之间的相关系数在−0.13～0.25，其中“周边游”“国内地接”“门票”型团购品牌，点击量与市价之间的相关系数为正值，分别为0.25、0.16和0.05；其他类型团购品牌的相关系数均为负数。这说明，对于“周边游”“国内地接”“门票”类型的团购产品而言，随着市场价格的提高，其点击量也呈现出同向波动的趋势，而对于其他类型的团购品牌，随着市场价格的提高，其点击量会呈现出反向变动的趋势。

订单量与市价：不同产品类别下，订单量与市价之间的相关系数在−0.33～−0.00，除“周边游”之外，其他类型团购品牌的相关系数均为负值，这说明随着市场价格的提高，除“周边游”之外的各类型团购品牌的订单量均呈反向变动趋势。

支付订单量与市价：不同产品类别下，支付订单量与市价之间的相关系数在−0.36～−0.01，其相关系数均为负值，这说明随着市价的提高，各团购品牌的支付订单量均呈下降趋势。

购买量与市价：不同产品类别下，购买量与团价之间的相关系数在−0.38～−0.01，各类型团购品牌的相关系数均为负值。这说明随着市价的提高，各类型团购品牌的购买量呈反向变动趋势。

购买支付量与市价：不同产品类别下，购买支付量与市价之间的相关系数在−0.44～−0.03，其相关系数均为负值，这说明随着市价的提高，各团购品牌的购买支付量均呈反向变动趋势。

表 5-13　不同产品类别市场价格与相关变量的相关系数

产品类别	点击/市价	订单/市价	支付订单/市价	购买/市价	购买支付/市价
出境游	−0.08***	−0.13***	−0.13***	−0.13***	−0.12***
国际游	−0.05***	−0.07***	−0.05***	−0.07***	−0.05***
国内地接	0.16***	−0.10***	−0.15***	−0.15***	−0.18***
国内长线	−0.04***	−0.18***	−0.21***	−0.18***	−0.18***
机票	−0.07***	−0.13***	−0.12***	−0.13***	−0.12***
旅游商品	−0.01***	−0.09***	−0.10***	−0.04***	−0.10***
门票	0.05***	−0.01***	−0.01***	−0.01***	−0.03***
其他	−0.13***	−0.33***	−0.36***	−0.38***	−0.44***
娱乐休闲	−0.08***	−0.10***	−0.10***	−0.12***	−0.11***
周边游	0.25***	0.00***	−0.03***	−0.07***	−0.09***

注：* 表示显著性水平大于 0.05，** 表示显著性水平大于 0.01，*** 表示显著性水平大于 0.001。

（四）消费者不同类型行为与折扣的相关性

点击量与折扣：如表 5-14 所示，不同产品类别下，点击量与折扣之间的相关系数在−0.37～0.35，“国内地接”和“其他”型团购品牌，其点击量与折扣之间的相关系数为正值，分别为 0.35 和 0.02；其他类型团购品牌的相关系数均为负数。这说明，对于“国内地接”和“其他”类型的团购产品而言，随着折扣的提高（优惠的减少），其点击量会呈现出同向变动趋势，而对于其他类型的团购品牌，随着折扣的提高（优惠的减少），其点击量会呈反向变动趋势，“国际游”变动幅度较大。

订单量与折扣：不同产品类别下，订单量与折扣之间的相关系数在−0.30～−0.01，各类型团购品牌的相关系数均为负值，这说明随着折扣的提高（优惠的减少），各类型团购品牌的订单量均呈下降趋势，“国内长线”和“国际游”下降幅度最大。

支付订单量与折扣：不同产品类别下，支付订单量与折扣之间的相关系数在−0.33～0.00，除“国内地接”外，其相关系数均为负值，这说明随着折扣的提高（优惠的减少），各团购品牌的支付订单量均呈下降趋势，“国内长线”下降幅度最大。

购买量与折扣：不同产品类别下，购买量与折扣之间的相关系数在－0.31～0.02，除“国内地接”和“门票”型团购品牌外，其他类型团购品牌的相关系数均为负值。这说明随着折扣的提高（优惠的减少），“国内地接”和“门票”型团购品牌的购买量会有所增加，而其他类型团购品牌的购买量会有所下降，“国内长线”的下降幅度最大。

购买支付量与折扣：不同产品类别下，购买支付量与折扣之间的相关系数在－0.33～0.03，除“国内地接”外，其他类型团购品牌的相关系数均为负值，这说明随着折扣的提高（优惠的减少），“国内地接”的购买支付量会有所增加，而其他类型团购品牌的购买支付量均会有所下降，“国内长线”的下降幅度最大。

表 5-14 不同产品类别团购折扣与相关变量的相关系数

产品类别	点击/折扣	订单/折扣	支付订单/折扣	购买/折扣	购买支付/折扣
出境游	－0.26***	－0.24***	－0.23***	－0.24***	－0.22***
国际游	－0.37***	－0.30***	－0.29***	－0.30***	－0.29***
国内地接	0.02***	－0.01***	0.00**	0.02***	0.03***
国内长线	－0.15***	－0.30***	－0.33***	－0.31***	－0.33***
机票	－0.26***	－0.19***	－0.09***	－0.16***	－0.06***
旅游商品	－0.18***	－0.24***	－0.23***	－0.08***	－0.22***
门票	－0.11***	－0.09***	－0.11***	0.01***	－0.12***
其他	0.35***	－0.07***	－0.05***	－0.04***	－0.03***
娱乐休闲	－0.07***	－0.10***	－0.10***	－0.08***	－0.08***
周边游	－0.21***	－0.13***	－0.13***	－0.11***	－0.11***

注：* 表示显著性水平大于 0.05，** 表示显著性水平大于 0.01，*** 表示显著性水平大于 0.001。

由上述分析可知，“国内地接”类团购品牌，随着折扣的提高（优惠的减少），其点击量、订单支付量、购买量和购买支付量均会有所增加；对于“国内长线”和“国际游”类型的团购品牌，随着折扣的提高（优惠的减少），其点击量、订单量、订单支付量、购买量和购买支付量均会有所下降，且下降幅度较大。

第四节　本章小结

本章从平台管理者视角出发,使用点击流数据分析了产品供应商市场和消费者市场的结构和现状,并对影响消费者网络选择行为的因素进行了分析,限于篇幅仅对价格与消费者选择行为的关系进行了简单的相关分析。进行以上分析的目的仅在于说明点击流数据对平台管理者的重要价值,如进行供应商管理以及影响消费者购买选择。

传统时代的消费者,其成长路径是"认知、产生态度、购买、再次购买"。而互联网时代,群体效应对消费者的成长路径产生了巨大的影响,消费者的成长路径转变为从认知(aware)、吸引(appeal)、询问(ask)、购买(act)到拥护(advocate)。传统营销时代消费者的这些行为过程是很难被观测到的,然而借助点击流数据,并可以被精确地观测到,这些过程可以通过浏览、点击、放入购物车、购买—支付、重复购买、好评—推荐购买等数据和指标量化。同时,平台管理者还可以观察到促销、广告、价格等营销策略对消费者购买过程各个阶段所产生的影响,进而及时调整营销策略,提升平台的营销绩效水平。

第六章

团购平台中撮合效率的概念与测量

本章简介:本章通过对国内某大型团购平台的运营数据的整理、分析和挖掘,梳理了撮合效率的概念,作为全面检测网络平台运营效率测量的指标,同时根据撮合过程的特点,定义了撮合过程各阶段的转化率指标,包括点击率、点击—订单转化率和订单—支付转化率,并分析了折扣水平对撮合效率以及撮合过程各阶段转化率的影响。结果显示,产品的折扣水平对团购平台撮合效率以及撮合过程各阶段转化率均具有显著的负向影响。本章对网络团购平台撮合效率的定义及分析弥补了网站运营效率测量领域的不足,具有一定的理论创新意义和实际应用价值。

第一节 引 言

随着互联网的快速发展和普及,网络购物的规模和普及率也快速提升,截至 2019 年 6 月,中国网络购物用户规模达到 6.39 亿,网络购物使用率已提升至 74.8%,如图 6-1 所示。[①]

而网络团购作为一种快速发展的网络购物形式,用户已经超过 1.8 亿人,超过 26%的网民使用了团购网站服务。网络团购是一定数量的用户通过互联网渠道组团,以较低折扣购买同一种商品的商业活动。网络团购与一般网络购物活动最大的区别在于,它是一种合作型商务,消费者必须合作以形成数量上的优势,从而获得商品价格与服务的折扣(谭汝聪,2012)。

团购市场的高速增长,给团购平台带来机遇的同时也带来一定的挑战,以团购网站发展最为迅猛的 2012 年为例,2012 年全国累计诞生团购平台 6177 家,同时累计关闭 3482 家,死亡率高达 56%。团购网站的大量倒闭,除了商业模式趋同引发的激烈竞争、商品的品质问题以及商家诚信问题等

① 参见《第 44 次中国互联网络发展状况统计报告》(2019)。

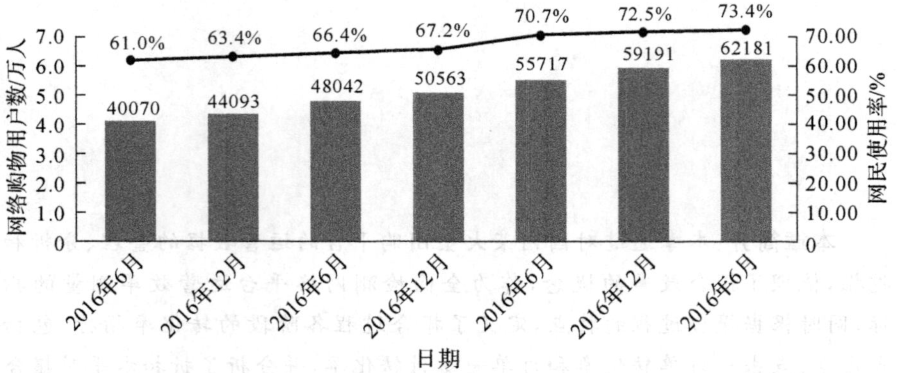

图 6-1　2016—2019 年中国网络购物用户规模及网民使用率

因素外，最重要的问题就是网站没有获得稳定的客户群体。为了获得稳定的客户群体，管理者必须实时关注与监测网站的运营效率，高效地将访问者转化为购买者或客户。目前，学术界关于网站运营效率的研究相对缺乏，仅对点击率（Chtourou et al.，2001；Cho，2005；卫强，阮楠，单艺，2010）、访问量、网站忠诚（Jonna，Stacey，2001；刘艳彬，袁平，2010）进行了相关的探讨，而这些指标并不能全面衡量网站的运营绩效。另外，鉴于数据保密的原因，学者们很难获得网站运营的相关数据，这进一步限制了关于网站运营测量的相关研究。

因此，本书梳理了撮合效率的概念，作为全面检测网络团购平台运营效率的指标，通过与中国某大型旅游团购平台进行合作，获得了 171 天包含 7991 个团购产品的网站运营相关变量的信息，进一步详细说明撮合效率的计算过程，并分析了折扣水平、定价信息、产品类别对撮合效率的影响情况。本研究不但填补了关于团购平台测量研究的空白，也为团购平台的发展提供了一定的实践指导。

第二节　文献回顾

一、网络团购平台

团购平台是一种典型的双边市场，双边市场一般包含两群或多群代理：

①代理之间通过中间商进行互动;②各个代理群体的参与或使用会影响其他群体的效用。中间企业通常被称作“平台”,而每个代理群体都属于市场的一边(Rochet, Tirole, 2003)。Hagiu 和 Wright(2015)则将双边或多边平台定义为,主要通过允许依附于平台的两类或多类顾客之间直接互动来创造价值的组织。双边市场与以基本方法传递的产品或服务是不同的。在传统的价值链中,价值从左向右移动,企业的左边是成本,右边是收入。而在双边市场中,成本和收入同时存在于左边和右边,因为在平台的每一边都有一群不同的用户。当平台服务于两个群体时,成本就发生了,平台从两边中的每一边都可以获取收入,通常而言,平台的两边中总有一边是免费的(Eisenmann, Parker, Alstyne, 2006)。双边市场的经济性主要与代理的平台选择和其他竞争平台的价格决策有关(Rochet,Tirole, 2003)。

过去的10年间,双边市场或多边平台就已经成为经济学和战略管理研究中十分活跃的研究领域。双边市场的研究同时也受到了业界的关注,这一方面是因为双边市场在IT行业十分普遍,另一方面与双边市场中所出现的新的战略和政策问题密切相关(Hagiu,Wright, 2015)。

二、网络平台运营效率测量

目前,文献中提到的网站或平台运营效率相关测量包括访问量、网站忠诚、点击率等指标。访问量一直都是学界和业界关注的重点,并以此作为评估网上零售商和内容提供平台成功与否的标准。特别是在电子商务的发展初期,众多管理者均以累计数据作为衡量网站表现的依据,如使用唯一访客数量或一定时期内总的访问次数作为测定网站表现的指标(Moe, Fader, 2004a)。然而,单纯地从访问量和单个网民的平均访问次数这些数值来表明网站的绩效,很有可能会掩盖真实存在的网民访问动态性(访问者的访问频率的变化)。

此外,随着时间的推移,很多网络零售商都意识到在很多情况下,访问量并不是一个有用的指示器,而对访问者的维持和忠诚的测量与其良好的经营密切相关。因为尽管互联网上每天都会有新的访问者,但是不断加剧的在线竞争使得各个网站在获取新的访问者方面变得更加困难,而且也更加昂贵,这就驱动着管理人员更加重视网络忠诚(Hanson, 2000; Peppers, Rogers,1997),这也就意味着网站在对访问者的争夺上,将会从吸引新的访问者转向保留现有的访问者(Danaher et al.，2003)。关于访问者网站忠诚方面的测量，众多学者从不同的方面进行了考量。Danaher 等(2006)曾指出访问持续时间是与网站忠诚密切相关的一个概念，网站访问持续时间的增加意味着有更好的广告效果、更高的重复访问率和更高的预期收入。Moe 和 Fader(2004b)基于网站点击流数据，提出个体水平的访问和转化行为模型，以期使用购买转化比率对网站表现进行衡量。此外还有学者使用重复访问频率和访问深度作为衡量网站忠诚的指标(Jonna，Stacey，2001；刘艳彬，袁平，2010)。然而，网站忠诚对于以促进交易为核心的网络平台而言，并未反映出关于交易达成的相关信息，对网络平台的评估具有一定的片面性。

点击率也是一个常在文献中出现的指标。点击率是指一定时期内产品或广告点击量占产品或广告展示量的比率，是应用最为广泛的评估网络产品吸引力或广告质量的指标之一。点击率可以反映一段时间内网络产品或广告受关注程度的概率估计值，概率越高，用户购买的可能性就越高。与网站忠诚指标类似，点击率也无法反映平台运营效率。因此，目前为止还没有一个能够全面衡量平台运营效率的指标。

三、网络平台运营效率的影响因素

网络平台运营效率的影响因素有很多，对于团购平台而言，数量折扣无疑是最有影响的因素。团购是不同于传统的数量折扣的一种现象，但团购是数量折扣的一种表现形式。数量折扣有两种常见的形式：①所有单位折扣；②增量折扣。在所有单位折扣中，同一订单中所购买的所有单位都享有折扣；而在增量折扣方案中，只有超出指定数量之外的购买单位才享有折扣。实施团购方案的所有公司都采用了所有单位折扣而非增量折扣。这样就避免了对早期购买者的不公平对待，同时还能鼓励他们尽早进入市场，形成“从众效应”。

相关研究表明，数量折扣作为一项在规模经济情况下提高交易效率的工具，的确会对交易效率产生影响(Lee，Rosenblatt，1986；Monahan，1984；Weng，1995)。Monahan(1984)通过派生出由供应商提供最优价格—数量时间表对经济订单批量的概念进行了扩展，这样买方就可以通过订购合适数量的订单来实现收益最大化。Lee 和 Rosenblatt(1986)将该项研究进行了扩展，允许供应商从买方那里获得不同的订单批量。卖方还可以通过数量折扣来鼓励季初采购，降低以需求不确定性为特征的环境风险。Weng(1995)将交易效率和渠道联盟激励问题联合起来进行了研究，其研究表明，在价格—敏感型需求和规模经济情境下，为了实现利润最大化和渠道协同，数量折扣是有效工具。

然而，到目前为止平台运营效率的影响因素尚未得到系统研究，相关因素除数量折扣外，还可能包括产品类别、价格信息等。

第三节 数据与方法

本研究的数据来源于某旅游团购平台提供的点击流数据，经汇总整理而成。该旅游网站主要通过其便捷、人性且先进的比价搜索技术为消费者提供国内外机票、酒店、度假和签证服务的深度整合信息，为消费者提供及时的旅游产品价格查询和信息比较服务。该旅游网站在比价搜索汇集流量的同时，提供多种定位于品牌推广以及促成销售机会的各类广告形式，帮助广告主有效地针对这些有高消费潜力的用户实现精准营销，广告主则按点击量付费。数据时间为某年1月1日至6月19日，该数据集为日期型数据，每笔数据详细记录了各在线团购产品当天的相关信息。整个数据集共计181727笔，包含7991个团购产品的相关变量的信息。

为了确保产品信息的完整性和充分性，我们在数据整理阶段剔除了一部分团购产品的数据，被剔除的数据为：①团购产品开始时间早于该年度1月1日，并且其在线时间(在1月1日至6月19日出现的频次)低于15天的数据；②团购产品结束时间晚于6月19日，并且在线时间低于15天的数据；③团购产品的开始和结束日期均在1月1日至6月19日，但其在线时间低于15天的数据。按照上述条件，被剔除的团购产品共有3036个。整理后的数据集共有数据151227笔，剩余团购产品为4955个(占全部团购产品的62.01%)，团购产品的平均在线时间为30.52天，其中在线天数为50天及其以下的产品占所有产品的比重高达90.3%，在线天数为25～31天的产品所占比重为32.8%。数据中包括产品ID、展示量、点击量、订单量、支付订单数量、市场价格、团购价格、折扣、产品类别和订单类型等变量，详见表6-1。

表 6-1 某年 1 月 1 日的产品及相关变量数据

产品 ID	展示量/个	点击量/次	订单数量/个	支付订单量/个	市场价/元	团价/元	折扣	产品类别
14450	927	74	0	0	1020.0	590.0	0.6	周边游
15020	2321	20	0	0	9900.0	7000.0	0.7	出境游
12320	499	3	0	0	240.0	120.0	0.5	周边游
13753	5435	18	0	0	940.0	428.0	0.5	周边游
13318	4936	112	5	5	268.0	37.0	0.1	旅游商品
12792	38534	246	4	4	2000.0	447.0	0.2	国内地接
14987	5763	63	0	0	7350.0	5640.0	0.8	出境游
⋮	⋮	⋮	⋮	⋮	⋮	⋮	⋮	⋮
14412	27650	121	0	0	1980.0	1158.0	0.6	国内地接
10238	5465	109	1	1	1280.0	378.0	0.3	旅游商品
12798	7835	53	1	1	218.0	58.0	0.3	旅游商品
12812	1044	12	0	0	108.0	88.0	0.8	周边游

为方便对数据整理过程进行描述，我们先对变量进行说明，见表 6-2。

表 6-2 研究相关变量说明

变量名称	对应公式	变量说明
产品 ID	$id(x)$	产品 x 拥有唯一的产品 ID
产品名	$N(x)$	产品 x 拥有唯一的产品名，但有时销售人员为促进销量针对个别产品会更换产品名称
展示量	$S(x_i)$	产品 x 在团购频道展示期内第 i 日的累计展示量。所谓的展示量，即访问者每次打开团购频道的页面，浏览对应产品展示页面(广告页面)时，就产生 1 次展示量
点击量	$C(x_i)$	产品 x 在产品展示期内每天累计的访问次数或点击次数。所谓的点击量是指消费者打开团购频道的页面，点击广告页面，并浏览产品的详细信息，每点击 1 次，就产生 1 次点击量

续表

变量名称	对应公式	变量说明
订单数量	$SD(x_i)$	产品 x 第 i 日订单的数量，产品被放入购物车并下订单是最终购买前的环节，这也是网络购物所特有的环节
支付订单数量	$SP(x_i)$	产品 x 第 i 日支付订单的数量，可以看成产品的销售数量
市场价	$PM(x)$	产品 x 的名义价格或产品初始定价
团价	$PG(x)$	产品 x 在团购频道的成交价格，通常是折扣后的价格
折扣	$D(x)$	产品 x 对应的折扣
产品类别	$E(x)$	产品 x 所属的产品大类，共七个类别
订单类型	$H(x)$	产品订单 x 所属分类，共三种类型，分别为“快递”“二维码”“骆驼券”

第三节　撮合效率的定义及测量

一、撮合交易

撮合主体是一个服务性质极强的虚拟实体，它不仅为交易主体提供撮合交易服务，同时还以最大化自身收益为目标。而其收益的最大化是通过最大化交易量，即尽可能地促成交易主体之间的交易来实现的。为此，撮合主体在考虑自身收益最大化的同时还要考虑交易双方收益的最大化和均衡化。交易主体指的是参与交易的买方或卖方。加入了自动撮合功能的电子商务系统，在交易过程中不再通过交易主体自主搜索交易对方，而是由撮合主体根据市场信息，按照最大化交易区间和优化多方利益的策略来撮合交易，从而促成交易。撮合交易过程中最重要的撮合因素有：交易种类、交易价格、交易数量。

二、撮合效率

我们将双边平台的撮合效率定义为将进入交易平台访问的访问者转换为购买者的比率，对于平台的特定产品而言，平台对某产品的撮合效率，可以定义为将观看产品广告的平台访问者转化为产品的最终购买者的效率。对于产品 x，产品广告的观看者数量即产品的展示量可以表示为 $\sum S(x_i)$，而产品最终购买的数量为订单支付的数量 $\sum SE(x_i)$，团购平台的撮合效率可以表示为：

$$\mathrm{DEM}(x)=\frac{\sum S(x_i)}{\sum SE(x_i)}\times 100\% \tag{6-1}$$

从访问者访问平台网站并观看产品广告到访问者最终购买支付，要经过点击并详细了解产品信息、将产品放入购物车并完成购买信息输入即下订单、为所下订单付款等环节，因此团购平台的撮合过程要经过浏览 — 点击转化、点击 — 订单转化、订单 — 支付转化三个转化过程。浏览 — 点击转化率又被称为点击率，其计算公式如下：

$$\mathrm{CTR}(x)=\frac{\sum S(x_i)}{\sum C(x_i)}\times 100\% \tag{6-2}$$

点击 — 订单转化率计算公式如下：

$$\mathrm{COF}(x)=\frac{\sum C(x_i)}{\sum SD(x_i)}\times 100\% \tag{6-3}$$

订单 — 支付的转化率计算公式如下：

$$\mathrm{COP}(x)=\frac{\sum SD(x_i)}{\sum SP(x_i)}\times 100\% \tag{6-4}$$

因此，撮合效率的计算可以表示为浏览 — 点击转化率、点击 — 订单转化率以及订单 — 支付转化率的乘积，其公式如下：

$$\mathrm{DEM}(x)=\mathrm{CTR}(x)\times\mathrm{COF}(x)\times\mathrm{COP}(x) \tag{6-5}$$

根据上述计算过程，本研究中旅游团购网站的撮合效率以及撮合过程的三个转化率如表 6-3 所示。

表 6-3　旅游团购网站及不同类别产品的撮合效率均值

	DEM	CTR	COF	COP	产品数
出境游	0.000904	0.7237	0.2406	51.9159	644
国际游	0.000858	0.7295	0.2471	47.5713	368
国内地接	0.002556	0.6720	0.6364	59.7727	1151
国内长线	0.001334	0.6716	0.3613	54.9577	193
机票	0.001180	0.9375	0.2961	42.4913	88
旅游商品	0.032472	2.1188	2.1514	71.2352	771
门票	0.006918	0.5796	1.7492	68.2318	392
其他	0.004467	0.7932	0.8745	64.4026	30
娱乐休闲	0.004702	0.5907	1.0400	76.5354	40
周边游	0.003533	0.5869	0.8586	70.1104	1278
合计	0.007424	0.8836	0.9251	62.633	4955

可见，团购平台对不同类别产品的撮合效率是有一定的差异的。从表6-3中也可以清楚地分析提高撮合效率所要改善的购买环节，例如"出境游"类、"国际游"类、"机票"类产品的撮合效率明显偏低，从撮合过程的转化率来看，主要是因为其点击—订单转化率 COF 相对偏低，因此可以制定提高点击—订单转化率的营销措施。

第四节　折扣水平对撮合效率的影响分析

一、折扣对撮合效率的影响分析

为分析团购平台中折扣水平对产品撮合效率产生的影响，我们做如下研究假设：

假设1:团购产品的折扣水平对撮合效率具有显著的负向影响,折扣水平越低,其撮合效率越高。

为了检验该假设,我们构建了以产品层面的撮合效率为因变量,以折扣水平为自变量的对数线性模型:

$$\ln[\mathrm{DEM}(x)]=\beta_0+\beta_1 C(x)+\varepsilon \tag{6-6}$$

模型的数据分析摘要如表6-4所示,F检验的显著性水平低于0.001,说明自变量与因变量之间存在着明显的线性关系,D-W检验接近于2.0的标准值,说明残差与自变量相互独立,表明回归结果有意义,据此说明采用对数线性模型分析是非常合适的。

表6-4 对数线性模型分析摘要

R	R^2	修正 R^2	F 值	p	D-W 检验
0.174[a]	0.260a	0.068	558.663	0.000***	1.784

注:*表示显著性水平大于0.05,**表示显著性水平大于0.01,***表示显著性水平大于0.001。

模型的分析结果如表6-5所示,T检验的显著性水平低于0.001,说明回归系数有意义,即折扣水平对团购平台产品的撮合效率具有显著的负向影响,假设1成立。

表6-5 对数线性模型分析结果

因变量:DEM	非标准化回归系数		标准化回归系数	t 值	p
	β	标准差			
常数项 β_0	−4.643	0.071		−65.063	0.000***
折扣水平 β_1	−2.036	0.127	−0.26	−15.992	0.000***

注:*表示显著性水平大于0.05,**表示显著性水平大于0.01,***表示显著性水平大于0.001。

二、折扣水平对点击率的影响分析

点击率是撮合过程中重要的指标,为分析团购产品折扣水平对产品点击率产生的影响,我们做如下研究假设:

假设 2：团购产品的折扣水平对点击率具有显著的负向影响，折扣水平越低，其点击率越高。

为检验该假设，建立了以产品层面点击率（CTR）为因变量，以折扣水平为自变量的对数线性模型：

$$\ln[\mathrm{CTR}(x)]=\beta_0+\beta_1 C(x)+\varepsilon \tag{6-7}$$

模型的数据分析摘要如表 6-6 所示，F 检验的显著性水平低于 0.001，说明自变量与因变量之间存在着明显的线性关系，$D\text{-}W$ 检验接近于 2.0 的标准值，说明残差与自变量相互独立，表明回归结果有意义，据此说明采用对数线性模型分析是非常合适的。

表 6-6　对数线性模型分析摘要

R	R^2	修正 R^2	F 值	p	$D\text{-}W$ 检验
0.174[a]	0.213a	0.045	192.056	0.000***	1.721

注：* 表示显著性水平大于 0.05，** 表示显著性水平大于 0.01，*** 表示显著性水平大于 0.001。

模型的分析结果如表 6-7 所示，T 检验的显著性水平低于 0.001，说明回归系数有意义，即折扣水平对团购平台产品的点击率具有显著的负向影响，假设 2 成立。

表 6-7　对数线性模型分析结果

因变量：CTR	非标准化回归系数		标准化回归系数	t 值	p
	β	标准差			
常数项 β_0	0.348	0.037		9.516	0.000***
折扣水平 β_1	−0.885	0.064	−0.213	−13.858	0.000***

注：* 表示显著性水平大于 0.05，** 表示显著性水平大于 0.01，*** 表示显著性水平大于 0.001。

三、折扣水平对点击—订单转化率的影响分析

点击—订单转化率同样是撮合过程中重要的指标，为分析团购产品折扣水平对产品点击—订单转化产生的影响，我们做如下研究假设：

假设 3:团购产品的折扣水平对点击—订单转化率具有显著的负向影响,折扣水平越低,其点击—订单转化率越高。

为检验该假设,建立了以产品层面点击—订单转化率为因变量,以折扣水平为自变量的对数线性模型:

$$\ln[COF(x)]=\beta_0+\beta_1 C(x)+\varepsilon \tag{6-8}$$

模型的数据分析摘要如表 6-8 所示,F 检验的显著性水平低于 0.001,说明自变量与因变量之间存在着明显的线性关系,D-W 检验接近于 2.0 的标准值,说明残差与自变量相互独立,表明回归结果有意义,据此说明采用对数线性模型分析是非常合适的。

表 6-8 对数线性模型分析摘要

R	R^2	修正 R^2	F 值	p	D-W 检验
0.232a	0.054	0.053	229.265	0.000***	1.737

注:* 表示显著性水平大于 0.05,** 表示显著性水平大于 0.01,*** 表示显著性水平大于 0.001。

模型的分析结果如表 6-9 所示,T 检验的显著性水平低于 0.001,说明回归系数有意义,即折扣水平对团购平台产品的点击—订单转化率具有显著的负向影响,假设 3 成立。

表 6-9 对数线性模型分析结果

因变量:COF	非标准化回归系数		标准化回归系数	t 值	p
	β	标准差			
常数项 β_0	0.18	0.052		4.536	0.000***
折扣水平 β_1	−1.378	0.091	−0.232	−15.142	0.000***

注:* 表示显著性水平大于 0.05,** 表示显著性水平大于 0.01,*** 表示显著性水平大于 0.001。

四、折扣水平对订单—支付转化率的影响分析

订单—支付转化率同样是撮合过程中重要的指标,为分析团购产品折扣水平对产品订单—支付转化产生的影响,我们作如下研究假设:

假设 4:团购产品的折扣水平对订单—支付转化率具有显著的负向影响,折扣水平越低,其订单—支付转化率越高。

为检验该假设,建立了以产品层面订单—支付转化率为因变量,以折扣水平为自变量的对数线性模型:

$$\ln[COP(x)]=\beta_0+\beta_1 C(x)+\varepsilon \tag{6-9}$$

模型的数据分析摘要如表 6-10 所示,F 检验的显著性水平低于 0.001,说明自变量与因变量之间存在着明显的线性关系,D-W 检验接近于 2.0 的标准值,说明残差与自变量相互独立,表明回归结果有意义,据此说明采用对数线性模型分析是非常合适的。

表 6-10　对数线性模型分析摘要

R	R^2	修正 R^2	F 值	p	D-W 检验
0.054a	0.003	0.003	10.261	0.001***	1.821

注:* 表示显著性水平大于 0.05,** 表示显著性水平大于 0.01,*** 表示显著性水平大于 0.001。

模型的分析结果如表 6-11 所示,T 检验的显著性水平低于 0.001,说明回归系数有意义,即折扣水平对团购平台产品的订单—支付转化率具有显著的负向影响,假设 4 成立。

表 6-11　对数线性模型分析结果

因变量:COP	非标准化回归系数		标准化回归系数	t 值	p
	β	标准差			
常数项 β_0	4.139	0.02		204.954	0.000***
折扣水平 β_1	−0.115	0.036	−0.054	−3.203	0.001***

注:* 表示显著性水平大于 0.05,** 表示显著性水平大于 0.01,*** 表示显著性水平大于 0.001。

分析结果显示,折扣水平对产品层面的点击率具有显著的负向影响,即折扣水平越高,其产品的点击率越低,反之折扣水平越低,其点击率越高,因此假设 4 成立。

第五节 本章小结

网络团购平台的运营效率对于平台生存至关重要，而目前关于网络平台运营效率的测量都存在一定的局限。由于数据较难获得，运营效率的议题一直没有获得较为充分的研究，本研究以国内某大型团购平台的运营数据为基础，通过对该数据的整理、分析和挖掘，梳理了撮合效率的概念，作为全面检测网站运营效率的测量指标，同时根据撮合过程的特点，定义了撮合效率计算过程的阶段指标，包括点击率(浏览—点击转化率)、点击—订单转化率和订单—支付转化率，并分析了折扣水平对撮合效率以及撮合过程各阶段转化率的影响。分析结果显示，产品的折扣水平对团购平台撮合效率以及撮合过程各阶段转化率具有显著的负向影响，即折扣水平越高，其撮合效率及各阶段转化率越低，这意味着产品供应商在制定产品价格时，在成交价格不变的条件下可以适当提高产品的市场价格，从而降低产品的折扣水平，获得更高的撮合效率。

本研究的主要贡献体现在：①目前国内外学术界对于团购平台运营效率的研究相对缺乏，本研究不仅定义了全新的测量指标——撮合效率，同时还定义了撮合过程各阶段的转化率，具有一定的创新性和实际应用价值；②由于缺乏一手数据，国内对团购产品运营效率的关键影响因素研究相对欠缺，本研究所获得的数据和所做的数据分析一定程度上填补了空白。

第七章

团购平台中广告点击率影响因素的分析

本章简介：网络团购市场的高速增长给团购平台带来机遇的同时也带来一定的挑战，获得稳定的客户群已经成为团购平台发展的关键。团购平台要形成稳定的客户群，必须提高团购平台产品广告的点击率(CTR)。本研究通过与中国某大型旅游团购平台进行合作，获得了171天包含7991个团购产品的点击率及相关变量的信息，并在此基础上对影响团购产品点击率影响因素进行实证分析。分析结果显示，时间压力、产品的折扣水平、产品的价格信息、产品的具体信息均会对产品的点击率产生显著的影响。本研究不但填补了关于网络团购点击率研究的空白，也为团购平台的发展提供了一定的实践指导。

第一节　引　言

团购市场及团购网站/平台的迅速发展得益于以下三方面的因素：①团购迎合了年轻网民对服务性商品的需求；②团购模式进入中国正赶上了电子商务类应用飞速发展阶段，使得团购服务得以在中国网民网上消费模式中稳固增长；③团购与基于位置服务(location-based service，LBS)应用的联合强化了团购服务的本地化色彩，给团购发展提供了较好的应用发展环境(Rucong，2012)。

虽然团购市场的发展有过高速的增长，但给团购平台带来机遇的同时也带来了一定的挑战，以中国团购网站发展最为迅猛的2012年为例，根据《2012年度中国网络团购市场数据监测报告》，当年全国累计诞生团购平台6177家，而累计关闭则多达3482家，死亡率达56%，运营中2695家，低于2010年年底的3200家。2012年四个季度中团购平台的数量变化如图7-1所示。

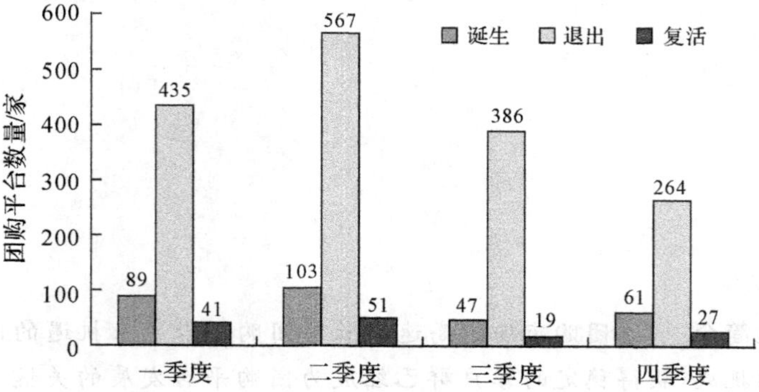

图 7-1　2012 年全国团购网站数量①

团购网站的大量倒闭，除了商业模式趋同引发的激烈竞争、商品品质问题以及商家诚信问题等因素外，最重要的问题就是网站没有获得稳定的客户群体。而团购网站或平台要形成稳定的客户群，首先必须提高团购网站或产品广告的点击率。只有产品或团购网站的点击率提高，才能增加团购网站产品的销量或团购平台的撮合效率。目前学者已对影响网络展示广告点击率的影响因素进行了大量的研究，然而针对团购产品点击率影响因素的研究还十分稀缺。

因此，本研究通过与中国某大型旅游团购平台进行合作，获得了 171 天包含 7991 个团购产品的 54 个相关变量的信息，并在此基础上对团购产品点击率的影响因素进行实证分析，获得了具有一定指导意义的分析结果，不但填补了关于团购网站点击率研究的空白，也为团购平台的发展提供了一定的实践指导。

第二节　文献回顾

点击率是网络广告行业常用的术语之一，是衡量网络广告效果的一项重要指标。一般而言，用户点击网络广告主要有两种情形：一种是用户有针对性地进行搜索，慎重考虑广告提供的信息后而进行点击；另一种是用户在网上冲浪或进行娱乐时，未经主动探究和思考就受广告的暗示信息的吸引

① 数据来源：中国电子商务研究中心，www. 100ec. cn.

而点击了广告(Chang, Hongsik,2004)。

目前,学者已对网络展示广告点击率的影响因素进行了大量的研究,具体包括以下几个方面:第一,网络广告本身的一些基本特征,如广告的色彩、大小、样式等,均已被证实是影响网络广告点击率的重要因素(Cho, 2005)。针对 Google Adsense 的广告平台的相关研究证实,如将广告底色、广告文字颜色以及广告链接颜色设置为与广告所在网页一致,有助于提高点击率;使用大尺寸的条幅广告、在广告中使用展示技巧等也有助于提高点击率(Chtourou et al. ,2001);动画或视频形式的广告,一般来说要比图片或文字形式的广告更能提高点击率。第二,如果广告的内容和网站内容相一致,则会提高点击率(Cho,2005)。第三,网络广告在网页中的摆放位置会对点击率产生影响。卫强等(2010)的研究表明,广告位置对点击率的影响显著,右列广告的点击率显著低于左列及中间广告的点击率,中间行广告的点击率显著高于上行。第四,在网络广告中增加价格或促销信息对点击率并没有显著影响,而产品类别却具有显著影响。

对于团购平台中的产品广告而言,网民的点击是带有一定的针对性和目的性的,而产品广告中所包含的不同信息就会对产品的点击率产生不同的影响。这些信息可能包括产品的名称、产品的价格、已团购人数、时间压力等。对于商家而言,将哪些信息放在团购平台中以获得最大的点击率是一个非常重要的决策,然而上述哪些信息会对点击率产生影响,产生的影响大小如何,目前尚不明确。

目前对于团购平台中产品广告点击率的影响因素的研究还处于空白,而且由于研究中数据的获得比较困难,通过实验和调查等方法难以推行。本研究通过与大型团购平台合作获得了对于相关研究非常有意义的数据,并基于此进行了实证分析和定量分析,得到了一些具有实践意义的分析结果。

第三节　数据与方法

本研究数据来源于中国某旅游搜索引擎网站团购频道提供的点击流数据,经汇总整理而成。数据时间为某年 1 月 1 日至 6 月 19 日,该数据集为日期型数据,每笔数据详细记录了各在线团购产品当天的相关信息。整个数据集共计 181727 笔,包含了 7991 个团购产品的相关变量的信息,表 7-1 列举了该年 1 月 1 日产品及相关变量的数据。

表 7-1 某年 1 月 1 日的产品及相关变量数据

产品 ID	产品名	展示量/次	点击量/次	在线天数/天	开始日期	结束日期	折扣
15020	香港至毛里求斯田园度假村特惠游套餐	2321	20	60	2012/1/1	2012/2/29	0.7
15195	北京至越南 5 晚 6 日自由轻松行	2198	90	8	2012/1/1	2012/1/8	0.5
13753	九皇山猿王洞休闲舒心之旅	5435	18	55	2011/12/23	2012/2/15	0.5
13318	350ML 日式保温杯!仅 37 元	4936	112	16	2011/12/24	2012/1/8	0.1
12792	好汉坡凯莱度假酒店 1 晚 + 神泉谷温泉门票	38534	246	46	2011/12/17	2012/1/31	0.2

在团购平台的产品展示页面能够呈现供访问者访问的信息,包括产品名称、产品的价格折扣、团购产品的剩余时间等。这些信息均可能对产品点击产生影响,然而这些信息在数据中没有直接显示,需要对数据进行二次整理。为方便对数据整理过程进行描述,我们先对变量进行说明,详见表 7-2。

表 7-2 研究相关变量说明

变量名称	对应公式	变量说明
产品 ID	$id(x)$	产品 x 拥有唯一的产品
产品名	$N(x)$	产品 x 拥有唯一的产品名,但有时销售人员为促进销量针对个别产品会更换产品名称
展示量	$S(x_i)$	产品 x 在团购频道展示期内第 i 日的累计展示量。访问者每次打开团购频道的页面,浏览对应产品展示页面(广告页面)时,就产生 1 次展示量

续表

变量名称	对应公式	变量说明
点击量	$C(x_i)$	产品 x 在产品展示期内每天累计的访问次数或点击次数。消费者打开团购频道的页面，点击广告页面，并浏览产品的详细信息，每点击 1 次，就产生 1 次点击量
开始日期	$TS(x)$	产品 x 第一次展示在团购频道的日期
结束日期	$TE(x)$	产品 x 最后一次展示在团购频道的日期
折扣	$D(x)$	产品 x 对应的折扣
当日时间	T_i	第 i 日对应的日期

点击率的计算分为产品层面的 $CTR(X)$ 和产品日期层面的 $CTR(x_i)$，其公式如下：

$$CTR(X) = \frac{\sum C(x_i)}{\sum S(x_i)} \times 100\% \tag{7-1}$$

$$CTR(x_i) = \frac{C(x_i)}{S(x_i)} \times 100\% \tag{7-2}$$

时间压力，是指团购产品的展示页面（广告页面）中显示的结束产品团购的剩余时间，这会对访问者点击产生一定的心理压力，其计算公式如下：

$$TP(x_i) = TE(x_i) - T_i \tag{7-3}$$

第四节 数据分析

一、团购产品时间压力对点击率的影响

为分析团购产品展示页面中所显示的"团购结束时间"对点击率产生的影响，我们做如下研究假设：

假设 1："团购结束时间"所产生的时间压力对点击率具有显著负向影响，即剩余时间越多，时间压力越小，点击率越小，反之则越大。

我们将"团购结束时间"视为消费者感受的时间压力，结束时间越长，

消费者感受到的时间压力越小，由于“团购结束时间”是随着日期变动而变动的，因此仅对产品日期层面的点击率产生影响，图 7-2 是日期层面产品点击率的分布。

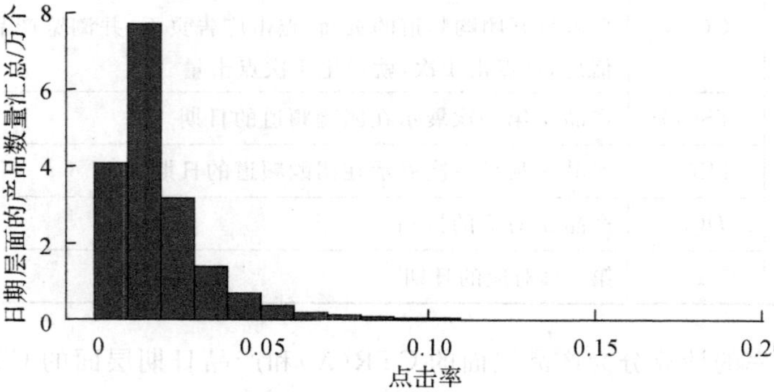

图 7-2 日期层面的产品点击率分布

根据产品日期层面点击率和时间压力的分布图，我们以日期层面的产品点击率为因变量，以时间压力为自变量，构建了基于拟泊松（Poission）分布族模型的广义线性回归模型，分析结果如表 7-3 所示。

表 7-3 回归分析结果

因变量：CTR	估计值	标准差	Z 值	p
常数	−3.3994	0.0229	−148.026	0.0000***
时间压力	−0.0023	0.0009	−2.566	0.0103*
零偏差	17855/139278 自由度			
剩余偏差	17848/139277 自由度			
Fisher 评分迭代次数	6			

注：①泊松族分布参数取 1；
②*** 表示显著性水平大于 0.001，** 表示显著性水平大于 0.01，* 表示显著性水平大于 0.05。

分析结果表明，“团购结束时间”给消费者带来的时间压力对点击率具有显著的影响，剩余时间越长，对点击率的影响越小，反之影响越大，即假设 1 成立。

二、团购产品折扣水平对点击率的影响

为分析团购产品展示页面中的折扣水平对产品点击率产生的影响，我们做如下研究假设：

假设 2：团购产品的折扣水平对点击率具有显著的负向影响，折扣水平越低，其点击率越高。

团购产品层面的对数分布如图 7-3 所示。

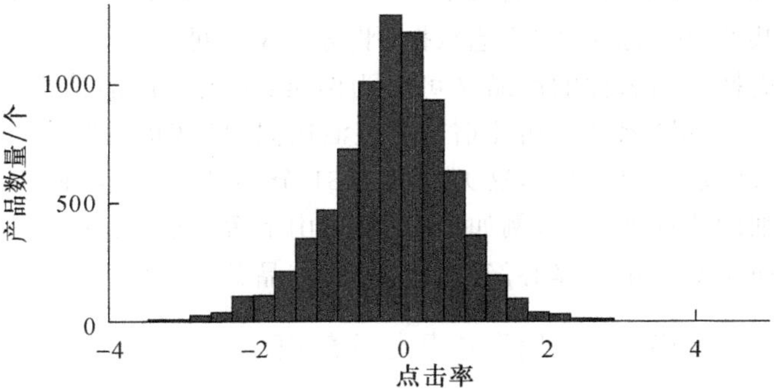

图 7-3　取对数后的产品层面的点击率分布

取对数后的产品层面点击率呈较为标准的正态分布，因此我们建立了以产品层面点击率为因变量，以折扣水平为自变量的对数线性模型，分析结果如表 7-4 和表 7-5 所示。

表 7-4　模型概述

R	R^2	修正 R^2	F 值	p	D-W 值
0.174a	0.030	0.030	246.818	0.000***	1.727

注：*** 表示显著性水平大于 0.001，** 表示显著性水平大于 0.01，* 表示显著性水平大于 0.05。

表 7-5　回归分析结果

因变量：CTR	非标准化回归系数		标准化回归系数	t 值	p
	β	标准差			
常数	0.310	0.030		10.343	0.000***
折扣水平	−0.768	0.049	−0.174	−15.710	0.000***

注：*** 表示显著性水平大于 0.001，** 表示显著性水平大于 0.01，* 表示显著性水平大于 0.05。

分析结果显示，折扣水平对产品层面的点击率具有显著的负向影响，即折扣水平越高，其产品的点击率越低，反之，折扣水平越低，其产品的点击率越高，因此假设 2 成立。

三、团购产品名称信息对点击率的影响

为了分析产品名称的变化对点击率的影响，我们分析了数据中产品信息发生变化的产品，这些产品除了名称发生变化外，其他信息均没有变化，这类产品共 69 个，包含 3527 笔数据，平均在线时间为 51.12 天。

上述更换产品名称的产品又可分为两类：一类是产品信息中增加了价格信息，例如产品“枫叶酒店住宿＋名人酒店温泉”变更为“498 元枫叶酒店住宿＋名人酒店温泉套票”，这类产品共 31 个；另外一类是在产品名称中增加了更详细的描述性信息，例如产品“峨眉山上舍酒店”变更为“峨眉山上舍酒店大佛禅院双人祈福养心舒适游”，这类产品共 38 个。

（一）产品名称中价格信息对点击率的影响

在产品名称中增加了价格相关信息是否会对点击率产生影响呢？为了便于分析，我们做如下假设：

假设 3：产品名称中是否含有价格信息对产品点击率具有显著影响。

由于增加价格信息前后，产品在线时间并不一致，为消除在线时间不同而造成的差异，我们用产品日点击量均值进行对比分析。产品名称中增加价格信息前后的对比如图 7-4 所示。

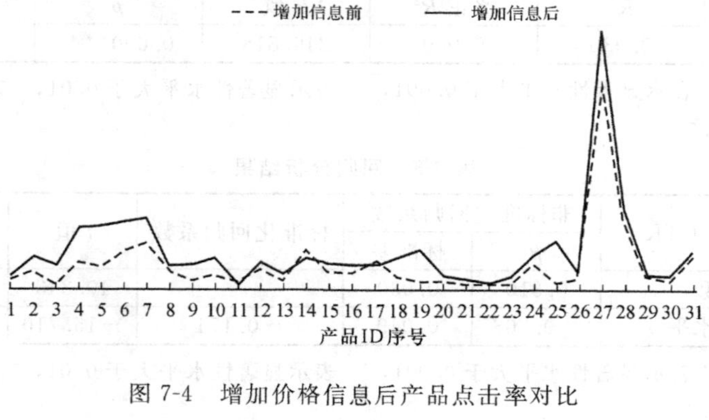

图 7-4　增加价格信息后产品点击率对比

我们使用对产品名称增加价格信息前后的产品点击率均值做差后进行了单样本的 t 检验，分析结果如表 7-6 和表 7-7 所示。

表 7-6　增加价格信息后产品点击率差值的单样本统计

	样本数	均值差	标准差	均值标准误
点击率差值	31	−1.774	2.232	0.401

表 7-7　增加价格信息后产品点击率差值的单样本体检验

	检验值=0					
	t 值	自由度	显著性(双尾)	均差	95%的置信区间的差异	
					下限	上限
点击率差值	−4.425	30	0.000	−1.774	−2.593	−0.955

分析结果表明，产品名称中增加价格信息对产品点击率具有显著的影响，平均相差 1.774，即在产品名称中增加价格信息会明显提升点击率，因此假设 3 成立。

(二)产品名称中增加具体信息前后点击率的变化

在产品名称中增加了产品具体信息是否会对点击率产生影响呢？为了便于分析，我们做如下假设：

假设 4：产品名称中是否含有具体产品信息对产品的点击率具有显著影响。

由于增加具体产品信息前后，产品在线时间并不一致，为消除在线时间不同而造成的差异，我们用产品日点击量均值进行对比分析。产品名称中增加具体产品信息前后的对比如图 7-6 所示。

我们使用增加具体信息前后的产品点击率均值做差后进行了单样本的 t 检验，分析结果如表 7-8 和表 7-9 所示。

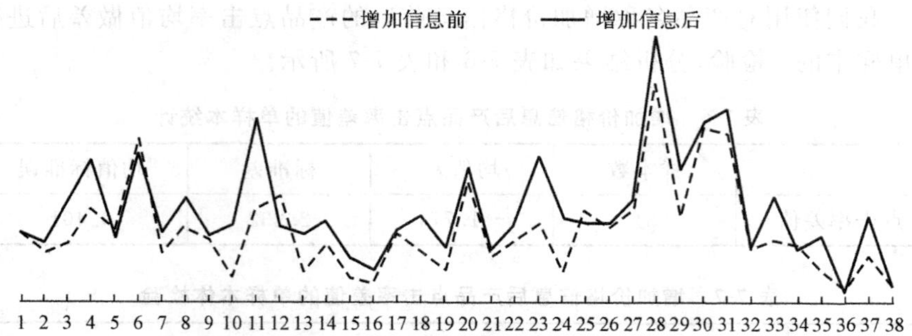

图 7-6 增加具体信息前后产品点击率对比

表 7-8 增加具体信息前后产品点击率的单样本统计

	样本数	均值差	标准差	均值标准误
点击率差值	38	−1.919	1.135	0.184

表 7-9 增加具体信息前后产品点击率的单样本 *t* 检验

	检验值=0					
	t 值	自由度	显著性(双尾)	均差	95%的置信区间的差异	
					下限	上限
点击率差值	−10.429	37	0.000	−1.919	−2.292	−1.546

分析结果表明,产品名称中增加具体信息对产品点击率具有显著的影响,平均相差 1.919,即在产品名称中增加具体产品信息会明显提升产品的点击率,因此假设 4 成立。

第五节 本章小结

当用户进入团购平台的产品页面时,并不意味着所有的产品都能获得同样的关注,用户很可能被某个产品的某个信息所吸引而点击该产品。然而,是哪些因素使得同页面的产品获得了不同的点击率呢?由于研究数据较难获得,该问题一直没有得到研究。本研究以国内某大型旅游网站团购平台的运营数据为基础，通过对该数据的整理、分析和挖掘，对网络团购产品点击率的影响因素进行了实证分析，主要结论如下：①团购产品的时间压力对产品点击率具有显著的负向影响，这意味着团购产品供应商在平台上置放产品时，可以设计更短的产品团购期限，这有助于产品获得更高的点击率；②产品的折扣水平对产品点击率具有显著的负向影响，这意味着产品供应商在制定产品价格时，在成交价格不变的条件下适当提高产品的市场价格，从而降低产品的折扣水平，可以此获得更高的点击率；③在团购产品的名称中增加价格信息后，会显著提升产品的点击率，对产品供应商而言，这意味着在对产品命名时可以适当将价格信息放进去，有助于产品获得较高的点击率；④在团购产品的名称中增加更为具体的产品信息后，会显著提升产品的点击率，这同样意味着产品供应商在产品命名时可以考虑增加产品更加详细的信息，这对于提高产品点击率具有一定的帮助。

本研究的主要贡献体现在：①目前国内外学术界对于团购平台点击率的研究相对缺乏，对团购产品点击率的关键影响因素的研究更为缺乏，本研究做了有益的尝试；②由于缺乏一手数据，团购平台产品点击率的实证研究非常有限，而本研究所获得的数据和所做的数据分析在一定程度上可以填补空白。

第八章

团购平台中产品折扣、时间压力、广告效果对产品购买量影响的分析

本章简介：网络团购市场的高速增长给团购网站带来机遇的同时也带来一定的挑战，获得稳定的客户群已经成为团购网站发展的关键，因此必须识别出哪些因素影响了消费者的选择与购买。本章通过与国内某大型旅游团购平台进行合作，获得了包含4898个团购产品的购买量及相关变量的信息，并在此基础上对影响团购产品购买量的因素进行实证分析，分析结果显示产品折扣、时间压力、广告效果均会对产品购买量产生显著的影响。本研究不但填补了关于团购产品购买行为影响因素研究的空白，也为团购平台的发展提供了一定的实践指导。

第一节 引 言

根据《第44次中国互联网络发展状况统计报告》，截至2019年6月，中国网民规模达8.54亿人，互联网普及率为61.2%。随着中国互联网的稳步发展，网络购物的规模和普及率也快速提升，中国网络购物用户规模达6.39亿人，较2018年年底增加1114万人，使用率达到80.3%。截至2015年底，团购用户规模达1.80亿人，团购的使用率为26.2%。网络团购交易额已经达到747.5亿元，参团人数达11.91亿人次。

团购市场的高速增长，给团购网站/平台带来机遇的同时也带来一定的挑战，《中国网络团购市场数据监测报告》显示，截至2015年6月底，全国团购网站累计诞生总数高达6246家，团购网站关闭5376家，倒闭率达86%，即4/5的团购网站已经关闭。

在团购这种新兴的网络购物形式下，消费者的心理和行为较之传统的消费方式，较之以往的网络购物方式，更加复杂和微妙。消费者在团购过程中往往受到产品广告的刺激，同时价格折扣也是一个非常重要的因素；另外，鉴于网络团购是一种合作性的网络消费模式，参照群体对消费者的影响也是不容忽视的(Arndt,1967)，并且基于网络团购的界面操作，时间压力也会对消费者的心理与行为产生影响(Zhang,2006)。当前网络团购市场方兴未艾，同质化竞争异常激烈，在这样的市场形势下，深入研究网络团购中产品购买量的影响因素对于团购网站制定有效的营销策略、促进销售增长、扩大市场占有率都有着十分重要的意义。

鉴于数据获取的困难，上述问题一直没有得到研究，因此，本章通过与国内某大型旅游团购平台进行合作，获得了包含了4898个团购产品的54个相关变量的信息，并在此基础上对影响消费者购买的因素进行了实证分析，获得了具有一定指导意义的分析结果。

第二节 文献回顾

一、网络团购的相关研究

所谓团购，就是个人或群体共同进行购买决策，拥有共同的购买目标，并共同承担决策带来的风险的购买方式，其受到了环境、组织、个人参与等方面的影响(Webster, Wind,1972)。在网络团购中，由于消费众多而使得他们能够获得更低的价格。团购的特点有二：一是消费者达到某一限定的人数；二是在某一固定时间内完成购买(Kauffman, Wang,2001)。

Kauffman和Wang(2001)分析了网络团购的基础与网络团购中的消费者行为，提出消费者行为有五个有趣的方面：①降价预期(anticipation of falling prices)，指竞标者在价格较高的时候参团，是因为相信在不久的将来价格会降低，而自己的参与会促进价格的进一步降低；②团购心态(group-buying mentality)，指竞标者可以获得网络外部性，即可以从他人的参与中获益；③临降价效应(before-price drop effect)，指在接近下一低价位竞标量时，竞标者的参与意愿被大大激发，竞标量急剧增加；④保留价格效应(reservation price effect)，当实际价格低于自己的保留价格时，竞标者才会参团；⑤口碑所引发行为(word-of-mouth induced behavior)，竞标者相互合作以共同享受低价，而不像传统拍卖中那样相互竞争。通过仿真实验研究市场价格离散程度对竞标者团购意愿的影响，发现在价格离散程度较小的市场中，消费者的心理参照价格和预期最终成交价格更高，感知的交易效用更高，团购意愿和参与比例也更高。Liu 和 Sutanto(2012)运用类似的方法，以北京最著名的每日一团形式的团购网站为研究对象，统计分析了该网站每小时的订单量共计 500 多个，发现消费者每小时内的参团时间和新订单数量呈倒 U 形分布；而且，已有订单数量只在一天的前半段时间内对新订单数量有正向影响，这可能缘于消费者的从众心理。

二、网络中消费者购买行为的影响因素研究

（一）产品折扣的影响

宁连举和张莹莹(2001)以我国单一价格规则的餐饮类网络团购为例，运用联合分析方法探讨了网络团购中消费者选择偏好的影响因素。结果表明，从整体上看，消费者最关注的是团购价格，其次为餐饮种类、到达所需时间、有效期限和折扣；女性消费者偏好低价格、低折扣，而男性消费者不仅看重价格，还会综合考虑其他因素。团购网站通常会给出不同形式的产品或服务的价格信息，具体包括原价、优惠价、折扣、节省多少钱。Mckechnie 等(2012)研究发现，不同价格呈现形式对消费者选择偏好和感知价值以及商家促销效果的影响是不同的。因此，我们提出假设：

假设 1：产品折扣对网络团购产品购买量有显著的负向影响。

（二）时间压力的影响

时间压力的诱发与操控方面，Payne 等(1988)认为，有效期限较长时，消费者在做购买决策时会更全面地考虑产品的各个属性；而有效期限较短时，消费者必须在短时间内做出决定，这会降低消费者的信息处理能力，很容易使其冲动消费，并且，剩余时间越少，消费者的时间压力就越大，也就越害怕失去当前的机会(Inman, McAlister, 1994)。诱发时间压力的共同方法是缩短制定决策的可利用时间。但是，决策时间的减少是否能让消费者真正感受到压力，依然不够清晰。而解释水平理论认为，人们对事物的解释会随着心理距离的知觉而改变，进而影响人们的行为。当知觉到的心理距离较远时，人们倾向于以抽象、本质、总体等高水平的角度来解释事物；而当

知觉到的心理距离较近时，人们容易从具体表象、局部等低水平的角度来解释事物。

基于解释水平理论，结合网络团购本身的特点，本研究认为，当存在时间限制，距离团购结束的时间越短时，消费者越不会对产品进行功能、本质上的理性评估，越注重产品的表象层面，从而引起购买意愿的变化，进而影响购买决策和行为。由此，本研究提出假设：

假设 2：时间压力对网络团购产品购买量具有显著的正向影响。

（三）广告效果的影响

对于团购网站的消费者而言，点击某个团购产品的广告带有较强的目的性，因此广告将会对消费者购买量产生显著影响。应用最为广泛的网络产品吸引力评估指标或广告质量评估指标是点击率，它可以反映在一段时间内网络产品或广告受关注程度的概率估计值，概率越高，其购买的可能性就越高。由此，本研究提出假设：

假设 3：广告效果对网络团购产品购买量具有显著的正向影响。

第三节　数据与方法

本研究数据来源于中国某旅游搜索引擎网站团购频道提供的点击流数据，经汇总整理而成。数据时间为某年 1 月 1 日至 6 月 19 日，该数据集为日期型数据，每笔数据详细记录了各在线团购产品当天的相关信息。整个数据集共计 1860471 笔，包含了 4898 个团购产品的相关变量的信息，表 8-1 列举了某年 1 月 1 日产品及相关变量的数据。

表 8-1　某年 1 月 1 日的产品及相关变量数据

产品 ID	开始日期	结束日期	展示量/个	点击量/次	折扣	购买量/个	分类	订单类型	价格设置
13318	上年/12/24	某年/1/8	4936	112	0.1	5	旅游商品	快递	套餐价格
12792	上年/12/17	某年/1/31	38534	246	0.2	4	国内地接	骆驼券	单一价格
14987	上年/12/31	某年/1/15	5763	63	0.8	0	出境游	骆驼券	机票项目
14041	上年/12/24	某年/1/8	4751	23	0.5	0	旅游商品	快递	套餐价格

续表

产品 ID	开始日期	结束日期	展示量/个	点击量/次	折扣	购买量/个	分类	订单类型	价格设置
13621	上年/12/23	某年/1/2	23474	136	0.7	8	周边游	骆驼券	单一价格
12823	上年/12/21	某年/2/25	502	9	0.5	0	娱乐休闲	二维码	单一价格
14412	上年/12/28	某年/1/31	27650	121	0.6	0	国内地接	快递	单一价格
10238	上年/11/23	某年/1/8	5465	109	0.3	1	旅游商品	快递	套餐价格
12798	上年/12/24	某年/1/8	7835	53	0.3	1	旅游商品	快递	套餐价格
12812	上年/12/21	某年/4/30	1044	12	0.8	0	周边游	二维码	单一价格
13624	上年/12/23	某年/1/7	2421	43	0.7	0	出境游	骆驼券	套餐价格
14979	上年/12/31	某年/1/10	84541	257	0.5	4	周边游	骆驼券	单一价格

在团购平台的产品展示页面能够呈现出供访问者访问的信息，包括产品名称、产品的价格折扣、团购产品的剩余时间等。这些信息均可能对产品点击产生影响，然而这些信息在数据中没有直接显示，需要对数据进行二次整理。为方便对数据整理过程进行描述，我们先对变量进行说明，详见表 8-2。

表 8-2 研究相关变量说明

变量名称	对应公式	变量说明
产品 ID	$id(x)$	产品 x 拥有唯一的产品 ID
开始日期	$TS(x)$	产品 x 第一次展示在团购频道的日期
结束日期	$TE(x)$	产品 x 最后一次展示在团购频道的日期
展示量	$S(x_i)$	产品 x 在团购频道展示期内第 i 日的累计展示量。访问者每次打开团购频道的页面，浏览对应产品展示页面（广告页面）时，就产生 1 次展示量
点击量	$C(x_i)$	产品 x 在产品展示期内每天累计的访问次数或点击次数。消费者打开团购频道的页面，点击广告页面，并浏览产品的详细信息，每点击 1 次，就产生 1 次点击量
折扣	$D(x)$	产品 x 对应的折扣
日均购买量	$B(x_i)$	产品 x 在产品展示期内每天累计的产品销售数量
当日时间	T_i	第 i 日对应的日期

广告效果CTR的计算分为产品层面的CTR(X)和产品日期层面的CTR(x_i)，其公式如下：

$$\mathrm{CTR}(X)=\frac{\sum C(x_i)}{\sum S(x_i)}\times 100\% \tag{8-1}$$

$$\mathrm{CTR}(x_i)=\frac{C(x_i)}{S(x_i)}\times 100\% \tag{8-2}$$

时间压力的计算公式如下：

$$\mathrm{TP}(x_i)=\mathrm{TE}(x_i)-T_i \tag{8-3}$$

产品购买量计算公式表示如下：

$$B(X)=\frac{\sum_{i=1}^{n} B(x_i)}{n} \tag{8-4}$$

第四节　数据分析

一、团购产品折扣水平对产品购买量的影响

本研究中的4898个旅游团购产品折扣水平从折扣为0(免费)，到折扣为1.0(不打折)，每个产品的折扣水平在团购期限内不变，详见图8-1。

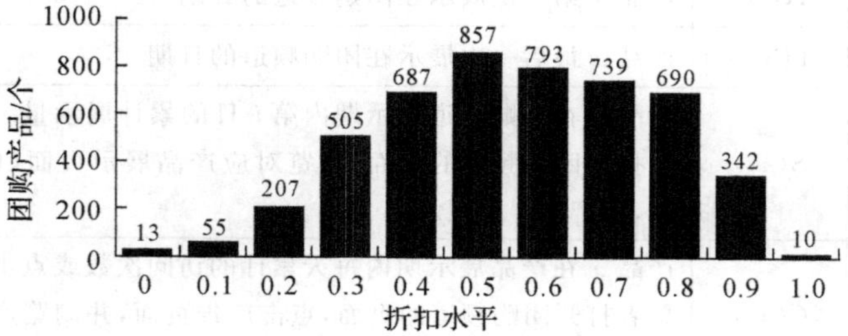

图8-1　全部产品的折扣水平统计

为分析团购产品展示页面中的折扣水平对产品购买量的影响，检验H1，我们以产品的折扣水平为自变量，以产品的日均购买量$B(X)$为因变量，进行回归分析。由于产品的销量会随着产品的展示期增加而增加，因此

以每个产品日均购买量作为因变量可以消除产品展示期的影响。分析结果如表 8-3 和表 8-4 所示。

表 8-3　模型概况

R	R^2	修正 R^2	F 值	p	D-W 值
0.060	0.004	0.003	17.823	0.000***	1.974

注：* 表示显著性水平大于 0.05，** 表示显著性水平大于 0.01，*** 表示显著性水平大于 0.001。

表 8-3 中回归方程的检验结果显示，F 值为 17.823，F 检验的显著性水平为 0.000，通过了显著性水平为 0.001 的显著性检验，说明自变量与因变量之间存在着明显的线性关系；D-W 检验值为 1.974，与 2 接近，说明残差与自变量相互独立，表明回归结果有意义；$R^2=0.004$，说明自变量对因变量的解释程度略低。

表 8-4　回归分析结果

因变量：$B(x_i)$	非标准化回归系数		标准化回归系数	t 值	p
	β	标准差			
常数项	2.987	0.340		8.785	0.000***
折扣水平	−2.398	0.568	−0.060	−4.222	0.000***

注：* 表示显著性水平大于 0.05，** 表示显著性水平大于 0.01，*** 表示显著性水平大于 0.001。

表 8-4 的回归分析结果显示，常数项的非标准化系数为 2.987，t 值为 8.785，显著性水平为 0.000，通过了显著性水平为 0.001 的显著性检验，自变量的标准化回归系数为 −2.398，标准化回归系数为 −0.060，t 值为 −4.222，显著性水平为 0.000，通过了显著性水平为 0.001 的显著性检验。说明折扣水平对产品销量具有显著的负向影响，即折扣水平越高，产品销量越低；反之折扣水平越低，产品销量越高，因此假设 1 成立。

二、团购产品时间压力对产品购买量的影响

为分析消费者购买团购产品时所感受到的时间压力对产品购买量产生的影响，我们将“团购结束时间”等同于消费者感受到的时间压力，结束时

间越长，消费者感受到的时间压力越小，由于“团购结束时间”随着日期变动而变动，因此仅对产品日期层面的产品购买量产生影响。

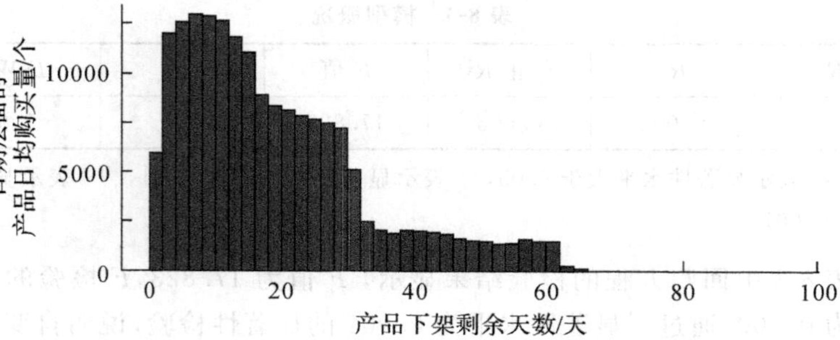

图 8-2 产品日期层面的时间压力分布

根据产品日期层面销量和时间压力的分布图（见图 8-2），我们以日期层面的产品日均购买量 $B(x_i)$ 为因变量，以时间压力（TP）为自变量，构建了基于拟 Poisson 分布族模型的广义线性回归模型，分析结果如表 8-5 所示。

表 8-5 回归分析结果

因变量：B(x_i)	估计值	标准误差	*Z* 值	显著性水平
常数项	0.6460	0.001713	377.088	0.000***
时间压力	−0.0001114	0.00001127	−9.891	0.000***
零偏差	181726 1695262 自由度			
剩余偏差	181725 1695203 自由度			
点击率	1860471			
Fisher 的迭代次数	6			

注：①Poisson 家族分布的参数为 1；

②* 表示显著性水平大于 0.05，** 表示显著性水平大于 0.01，*** 表示显著性水平大于 0.001。

表 8-5 的回归分析结果显示，常数项的估计值为 0.6460，*Z* 值为 377.088，显著性水平为 0.000，通过了显著性水平为 0.001 的显著性检验；自变量时间压力的估计值为−0.0001114，*Z* 值为−9.891，显著性水平为 0.000，通过了显著性水平为 0.001 的显著性检验。由于分析过程中以“团

购结束时间”代替时间压力，距离团购结束时间越短则时间压力越大，距离团购结束时间越长则压力越小，因此研究结果表明时间压力对产品销量具有显著的正向影响，即时间压力越大，其产品销量越低，反之产品销量越高，因此假设 2 成立。

三、产品广告效果对产品购买量的影响

为了分析产品广告效果对产品购买量的影响，本研究采用点击率作为产品广告效果的测量指标。本研究中团购产品的点击率对数分布如图 8-3 所示。

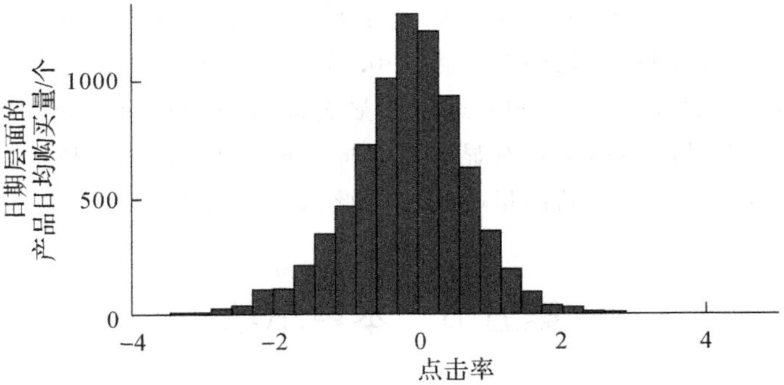

图 8-3 取对数后的产品日期层面的点击率分布

根据产品日期层面购买量和点击率的分布图，我们以日均购买量 $B(x_i)$为因变量，以广告效果[$CTR(x_i)$]为自变量，构建了销量对数 $\ln[B(x_i)]$与 CTR 对数 $\ln[CTR(x_i)]$的双对数线性回归模型，分析结果如表 8-6 和表 8-7 所示。

表 8-6 模型概要

R	R^2	修正 R^2	F 值	p	D-W 值
0.094	0.009	0.009	36.075	0.000	1.970

分析结果显示，F 值为 36.075，F 检验的显著性水平为 0.000，通过了显著性水平为 0.001 的显著性检验，说明自变量与因变量之间存在着明显的线性关系。D-W 检验值为 1.970，与 2 接近，说明残差与自变量相互独立，表明回归结果有意义。R^2＝0.009，说明自变量对因变量的解释程度略低。

表 8-7 回归分析结果

因变量：$B(x_i)$	非标准化回归系数		标准化回归系数	t 值	p
	β	标准误差			
常数项	−0.573	0.025		−23.293	0.000
CTR	0.178	0.030	0.094	6.001	0.000

注：①Poisson 家族分布的参数为 1；

②* 表示显著性水平大于 0.05，** 表示显著性水平大于 0.01，*** 表示显著性水平大于 0.001。

表 8-7 的回归分析结果显示，常数项的非标准化系数为−0.573，t 值为−23.293，显著性水平为 0.000，通过了显著性水平为 0.001 的显著性检验；自变量 CTR 的标准化回归系数为 0.178，标准化回归系数为 0.094，t 值为 6.001，显著性水平为 0.000，通过了显著性水平为 0.001 的显著性检验。说明广告效果对产品销量具有显著的正向影响，即广告效果越好，产品销量越高；广告效果越差，产品销量越低。因此假设 3 成立。

第五节　本章小结

本研究以国内某大型团购平台的运营数据为基础，通过对该数据的整理、分析和挖掘，对网络团购产品的购买量的影响因素进行了实证分析，主要结论如下：①折扣水平对产品购买量具有显著的负向影响，这意味着产品供应商在设计产品价格时，若成交价格不变，可适当提高产品的市场价格，从而降低产品的折扣水平，以获得更高的购买量；②时间压力对产品购买量具有显著的正向影响，这意味着团购产品供应商在平台上置放产品时，可以设计更短的团购期限，这有助于产品获得更高的购买量；③广告效果对产品购买量具有显著的正向影响，这意味着对产品供应商而言，一些增强广告效果的措施有助于提高产品购买量也具有同样的帮助。

参考文献

[1] Adomavicius G, Tuzhilin A, 2005. Toward the next generation of recommender systems: a survey of the state-of-the-art and possible extensions [J]. IEEE Transactions on Knowledge & Data Engineering,17 (6): 734-749.

[2] Aguiar L, Martens B, 2013. Digital music consumption on the internet: evidence from clickstream data [J]. SSRN Electronic Journal, 34(3):27-43.

[3] Anand K S, Aron R, 2003. Group buying on the web : group buying on the web : a comparison of price-discovery mechanisms [J]. Management Science, 11(3): 1546-1562.

[4] Ansari A, Essegaier S, Kohli R, 2000. Internet recommendation systems[J]. Journal of Marketing Research, 37(3):363-375.

[5] Ansari A, Mela C F, 2003. E-customization[J]. Journal of Marketing Research, 40(2): 131-145.

[6] Ansari A, Mela C F, Neslin S A, 2008. Customer channel migration [J]. Journal of Marketing Research, 45(1): 60-76.

[7] Armstrong D M, 2002. A materialist theory of the mind[M]. London :Routledge.

[8] Arndt J, 1967. Role of product-related conversations in the diffusion of a new product[J]. Journal of Marketing Research, 4(8):291-295.

[9] Bajari P, Hortaçsu A, 2003. The winner's curse, reserve prices, and endogenous entry: Empirical insights from eBay auctions[J]. RAND Journal of Economics, 34(2):329-355.

[10] Bajari P, Hortaçsu A, 2004. Economic insights from internet auctions[J]. Journal of Economic Literature, 42(2): 457-486.

[11] Balog K, Hofgesang P, Kowalczyk W, 2006. Research and development in intelligent systems XXII[M]. London: Springer.

[12] Battiato S, Blasi G D, Farinella G M et al. ,2010. Gallo digital mosaic frameworks - an overview [J]. Computer Graphics Forum, 26(4):794-812.

[13] Becker I F, Linzmajer M, von Wangenheim F, 2017. Cross-industrial user channel preferences on the path to online purchase: homogeneous, heterogeneous, or mixed? [J]. Journal of Advertising, 46(2), 248-268.

[14] Bellinger D N, Robertson D H, Hirschman E C, 1978. Impulse buying varies by product[J]. Journal of Advertising Research, 18 (6):15-18.

[15] Benson A K, Stubben M A, Payne K L, 1997. Mapping groundwater contamination using dc resistivity and VLF geophysical methods -A case study[J]. Geophysics, 62(1):80-86.

[16] Berger P D, Nasr N I, 1998. Customer lifetime value: marketing models and applications[J]. Journal of Interactive Marketing, 12 (1):17-30.

[17] Berry M J A, Linoff G S, 2004. Data mining techniques: for marketing, sales, and customer relationship management [M]. John Wiley & Sons.

[18] Bhattacharya C B, 1997. Is your brand's loyalty too much, too little, or just right?: explaining deviations in loyalty from the Dirichlet norm[J]. International journal of Research in Marketing, 14(5): 421-435.

[19] Birnbaum M H, 1999. Testing critical properties of decision making on the Internet[J]. Psychological Science, 10(5): 399-407.

[20] Bock K W D, Poel D V D, 2010. Predicting website audience demographics for web advertising targeting using multi-website clickstream data[J]. Fundamenta Informaticae, 98(1):49-70.

[21] Bonfrer A, Drèze X, 2009. Real-time evaluation of e-mail campaign performance[J]. Marketing Science, 28(2): 251-263.

[22] Borgman C L, Hirsh S G, Hiller J, 1996. Rethinking online monitoring methods for information retrieval systems: from search product to search process[J]. Journal of the American Society for Information Science and Technology, 47(7), 568-583.

[23] Bradlow E T, Schmittlein D C, 2000. The little engines that could: modeling the performance of world wide web search engines[J]. Marketing Science, 19(1): 43-62.

[24] Bronnenberg B J, Mahajan V, Vanhonacker W R, 2000. The emergence of market structure in nw repeat-purchase categories: the Iinterplay of market share and retailer distribution[J]. Journal of Marketing Research, 37 (2):16-31.

[25] Brynjolfsson E, Smith M D, 2000. Frictionless commerce? a comparison of Internet and conventional retailers[J]. Management science, 46(4): 563-585.

[26] Bucklin R E, Lattin J M, Ansari A et al. , 2002. Choice and the internet: from clickstream to research stream [J]. Marketing Letters, 13(3): 245-258.

[27] Bucklin R E, Lehmann D, Little J, 1998. From decision support to decision automation: a 2020 vision[J]. Marketing Letters, 9(3): 235-246.

[28] Bucklin R E, Sismeiro C, 2003. A model of web site browsing behavior estimated on clickstream data[J]. Journal of marketing research, 40(3): 249-267.

[29] Bucklin R E, Sismeiro C, 2009. Click here for internet insight: advances in clickstream data analysis in marketing[J]. Journal of Interactive marketing, 23(1): 35-48.

[30] Caillaud B, Jullien B, 2003. Chicken & egg: competition among intermediation service providers[J]. RAND Journal of Economics, 34(2): 309-328.

[31] Chang H, Hongsik J C, 2004. Why do people avoid advertising on the internet [J]. Journal of Advertising, 33 (4):89-97.

[32] Chatterjee P, Hoffman D L, Novak T P, 2003. Modeling the

clickstream: implications for web-based advertising efforts [J]. Marketing Science, 22(4): 520-541.

[33] Chaudhuri A, Holbrook M B, 2001. The chain of effects from brand trust and brand affect to brand performance: the role of brand loyalty[J]. Journal of Marketing, 65(2): 81-93.

[34] Chen P Y, Hitt L M, 2002. Measuring switching costs and the determinants of customers retention in Internet-enabled businesses: a study of the online brokerage industry[J]. Information Systems Research, 13(3): 255.

[35] Chevalier J, Mayzlin D, 2006. The effect of word of mouth online: Online book reviews[J]. Journal of Marketing Research, 43(3): 348-354.

[36] Chickering D M, Heckerman D, 2003. Targeted advertising on the web with inventory management[J]. Interfaces, 33(5): 71-77.

[37] Cho C H, 2005. Factors influencing clicking of banner Ads on the www. [J]. Cyberpsyehology &Behavior, 6 (2) :201-215.

[38] Choi J P, 2010. Tying in two - sided markets with multi - homing [J]. The Journal of Industrial Economics, 58(3): 607-626.

[39] Chtourou M S, Chandon J L, Zollinger M, 2001. Effect of price information and promotion on click-through rates for internet banners[J]. Journal of Euromarketing, 11 (2):23-41.

[40] Cooper L G, Giuffrida G, 2000. Turning datamining into a management science tool: new algorithms and empirical results[J]. Management Science, 46(2): 249-264.

[41] Danaher P J, 2007. Modeling page views across multiple websites with an application to internet reach and frequency prediction[J]. Marketing Science, 26(3): 422-437.

[42] Danaher P J, Mullarkey G W, Essegaier S, 2006. Factors affecting web site visit duration: a cross-domain analysis [J]. Journal of Marketing Research, 43(2):182-194.

[43] Danaher P J, Wilson I W, Davis R A, 2003. A comparison of online

and offline consumer brand loyalty[J]. Marketing Science, 22(4): 461-476.

[44] de Haan E, Kannan P K, Verhoef P C et al. , 2018. Device switching in online purchasing: examining the strategic contingencies [J]. Journal of Marketing, 82 (9), 1-19.

[45] De Langhe B, Fernbach P M, Lichtenstein D R, 2016. Star wars: response to Simonson, Winer/Fader, and Kozinets[J]. Journal of Consumer Research, 42(6):850-857.

[46] Demers E, Lev B, 2001. A rude awakening: internet shakeout in 2000[J]. Review of Accounting Studies, 6(2):331-359.

[47] Diwandari S, Permanasari A E, Hidayah I, 2018. Research methodology for analysis of E-Commerce user activity based on user interest using web usage mining[J]. Journal of Ict Research & Applications, 12(1) : 54-69.

[48] Dotc United Group, 2019. 2019 年全球广告支出将增长 3.6% 达 6099 亿美元[EB/OL]. (2019-06-17)[2019-10-23]. http://www.dotcunitedgroup. com/news. php? id=211&lang=cn.

[49] Drèze X, Hussherr F X, 2003. Internet advertising: is anybody watching[J]. Journal of Interactive Marketing, 17 (4), 8-23.

[50] Drèze X, Zufryden F, 1998. Is internet advertising ready for prime time? [J]. Journal of Advertising Research, 38: 7-18.

[51] Eisenmann T R, Parker G, Van Alstyne M W, 2014. Strategies for two sided markets[J]. Social ence Electronic Publishing, 84(10): 92-101.

[52] Evans D S, Schmalensee R, 2007. Catalyst code: the strategies behind the world's most dynamic companies[M]. Boston : Harvard Business School Press.

[53] Fader P S, Hardie B G S, Jerath K, 2007. Estimating CLV using aggregated data: The Tuscan Lifestyles case revisited[J]. Journal of Interactive Marketing, 21(3):55-71.

[54] Fader P S, Hardie B G S, Lee K L, 2005. "Counting Your Customers" the easy way: an alternative to the pareto/NBD model

[J]. Marketing Science, 24(2):275-284.

[55] Fader P S, Schmittlein D C, 1993. Excess behavioral loyalty for high-share brands: deviations from the dirichlet model for repeat purchasing[J]. Journal of Marketing research, 30(4): 478-493.

[56] Flender C, Peters M, Müller G, 2012. Measuring consumer information deficits in transactions of data-centric services [J]. Central European Conference on Information and Intelligent Systems, 15(9):19-21.

[57] Gillespie A, Krishna M, Oliver C et al. , 2007. Online behavior—stickiness[N]. Available, 06-15.

[58] Goldfarb C A, 2002. Analyzing website choice using clickstream data[M]//The Economics of the Internet and E-commerce. Radford :Emerald Group Publishing Limited.

[59] Goldfarb C A, 2006a. State dependence at internet portals [J]. Journal of Economics & Management Strategy, 15(2): 317-352.

[60] Goldfarb C A, 2006b. The medium-term effects of unavailability[J]. Quantitative Marketing and Economics, 4(2): 143-171.

[61] Goldfarb C A, Borrelli J, Lu M et al. , 2006. A prospective evaluation of patients with isolated orthopedic injuries transferred to a level I trauma center[J]. Journal of Orthopaedic Trauma, 20 (9):613-617.

[62] Guadagni P M, Little J D C, 1983. A logit model of brand choice calibrated on scanner data[J]. Marketing science, 2(3): 203-238.

[63] Gupta S, Lehmann D R, Stuart J A, 2004. Valuing customers[J]. Journal of Mrketing Rsearch, 41(1): 7-18.

[64] Hagiu A, 2009. Two-sided platforms: product variety and pricing structures[J]. Journal of Economics & Management Strategy, 18 (4): 1011-1043.

[65] Hagiu A, Wright J, 2011. Multi-sided platforms [R]. Harvard Working Paper, 12-24.

[66] Hagiu A, Wright J, 2015. Multi-sided platforms[J]. International Journal of Industrial Organization, 43: 162-174.

[67] Hann I H, Terwiesch C, 2003. Measuring the frictional costs of online transactions: The case of a name-your-own-price channel[J]. Management Science, 49(11): 1563-1579.

[68] Hanson W, 2000. Principles of internet marketing[M]. Cincinnati: South-Western College Publishing.

[69] Häubl G, Trifts V, 2000. Consumer Decision Making in Online Shopping Environments: The Effects of Interactive Decision Aids [J]. Marketing Science, 19(1):4-11.

[70] Holland J, Baker S M, 2001. Customer participation in creating site brand loyalty[J]. Journal of Interactive Marketing, 15(4):34-45.

[71] Huang C Y, Shen Y C, Chiang I P et al. , 2007. Characterizing Web Users' Online Information Behavior [J]. Journal of the American society for information science and technology, 58 (13): 1988-1997.

[72] Huberman B A, Pirolli P L T, Pitkow J E et al. , 1998. Strong regularities in world wide web surfing[J]. Science, 280(3): 95-97.

[73] Ilfeld J S, Winer R S, 2002. Generating Website Traffic[J]. Journal of Advertising Research, 42(5):49-61.

[74] Inman J J, Mcalister L, 1994. Do coupon expiration dates affect cConsumer behavior? [J]. Journal of Marketing Research, 31 (3):423.

[75] Jacoby J, Chestnut R W, 1978. Brand loyalty: measurement and management[M]. New York: John Wiley & Sons.

[76] Jacoby J, Kyner D B, 1973. Brand loyalty vs. repeat purchasing behavior [J]. Journal of Marketing Research, 10 (2):1-9.

[77] Janiszewski C, 1998. The influence of display characteristics on visual exploratory search behavior [J]. Journal of Consumer Research, 25(3):290-301.

[78] Johnson E J, Bellman S, Lohse G L, 2003. Cognitive lock-in and the power law of practice[J]. Journal of Marketing, 67(2):62-75.

[79] Johnson E J, 2001. Digitizing consumer research[J]. Journal of Consumer Research, 28(2): 331-336.

[80] Johnson E J, Moe W W, Fader P S et al. , 2004. On the depth and dynamics of online search behavior[J]. Management Science, 50 (3):299-308.

[81] Kauffman R J, Wang B, 2001. New buyers' arrival under dynamic pricing market microstructure: the case of group-buying discounts of the internet[J]. Journal of Management Information Systems, 18 (2):157-188.

[82] Lam S Y, Chau A W, Wong T J, 2007. Thumbnails as online product displays: how consumers process them[J]. Journal of Interactive Marketing, 21(1): 36-59.

[83] Lee H L, Rosenblatt M J, 1986. A generalized quantity discount pricing model to increase suppliers' pro㊣ts[J]. Management Science, 32(9):1177-1185.

[84] Lim K S, Razzaque M A, 1997. Brand loyalty and situational effects: an interactionist perspective[J]. Journal of International Consumer Marketing, 9(4): 95-115.

[85] Little J D C, 2001. Marketing automation on the Internet[C]// Presentation at the UC Berkeley Fifth Invitational Choice Symposium, Monterey.

[86] Liu Y, Sutanto J, 2012. Buyers purchasing time and herd behavior on deal-of-the-day group-buying websites[J]. Electronic Markets, 22(2):83-93.

[87] Mandel N, Johnson E J, 2002. When web pages influence choice: effects of visual primes on experts and novices[J]. Journal of consumer research, 29(2): 235-245.

[88] McGraw K O, Tew M D, Williams J E, 2000. The integrity of web-delivered experiments: can you trust the data? [J]. Psychological Science, 11(6): 502-506.

[89] Mckechnie S, Devlin J, Ennew C et al. , 2012. Effects of discount framing in comparative price advertising[J]. European Journal of Marketing, 4(11): 501-522.

[90] Moe W W, 2003. Buying, searching, or browsing: Differentiating between online shoppers using in-store navigational clickstream[J]. Journal of consumer psychology, 13(1-2): 29-39.

[91] Moe W W, 2006. A field experiment to assess the interruption effect of pop - up promotions[J]. Journal of Interactive Marketing, 20 (1): 34-44.

[92] Moe W W, Fader P S, 2000. Which visits lead to purchases? Dynamic conversion behavior at e-commerce sites [R]. The Wharton School, Working Paper: 1-23.

[93] Moe W W, Fader P S, 2004a. Capturing evolving visit behavior in clickstream data [J]. Journal of Interactive Marketing, 18 (1): 5-19.

[94] Moe W W, Fader P S, 2004b. Dynamic conversion behavior at e-commerce sites[J]. Management Science, 50(3): 326-335.

[95] Moe W W, Yang S, 2009. Inertial disruption: the impact of a new competitive entrant on online consumer search [J]. Journal of Marketing, 73(1): 109-121.

[96] Monahan J P, 1984. A quantity pricing model to increase vendor pro fits[J]. Management Science, 34(11): 1398-1400.

[97] Montgomery A L, 2001a. Applying quantitative marketing techniques to the internet[J]. Interfaces, 31(2): 90-108.

[98] Montgomery A L, 2001b. Modeling purchase and browsing behavior using clickstream data[C]//Presentation at the UC Berkeley Fifth Invitational Choice Symposium, Monterey.

[99] Montgomery A L, Hosanagar K, Krishnan R et al. , 2004. Designing a better shopbot [J]. Management Science, 50 (2): 189-206.

[100] Montgomery A L, Li S, Srinivasan K et al. , 2004. Modeling Online Browsing and Path Analysis Using Clickstream Data [J]. Marketing Science, 23(4):579-595.

[101] Morrison D G, Schmittlein D C, 1988. Generalizing the NBD model for customer purchases: what are the implications and is it worth

the effort? [J]. Journal of Business & Economic Statistics, 6(2): 145-159.

[102] Neslin S A, Shankar V, 2009. Key issues in multichannel customer management: current knowledge and future directions[J]. Journal of interactive marketing, 23(1): 70-81.

[103] Ockenfels A, Roth A E, 2006. Late and multiple bidding in second price Internet auctions: theory and evidence concerning different rules for ending an auction[J]. Games and Economic behavior, 55 (2): 297-320.

[104] Olbrich R, Holsing C, 2011. Modeling consumer purchasing behavior in social shopping communities with clickstream data [J]. International Journal of Electronic Commerce, 16(2):15-40.

[105] Ostrovsky M, Schwarz M, Edelman B G, 2007. Internet Advertising and the Generalized Second-Price Auction: Selling Billions of Dollars Worth of Keywords. [J]. American Economic Review, 97(1):242-259.

[106] Padmanabhan B, Zheng Z, Kimbrough S O, 2001. Personalization from incomplete data: what you don't know can hurt [C]// Proceedings of the Seventh ACM SIGKDD International Conference on Knowledge Discovery and Data Mining: 154-163.

[107] Park J, Chung H, 2009. Consumers' travel website transferring behaviour: analysis using clickstream data-time, frequency, and spending[J]. The Service Industries Journal, 29(10): 1451-1463.

[108] Park Y H, Bradlow E T, 2005. An integrated model for bidding behavior in Internet auctions: Whether, who, when, and how much[J]. Journal of Marketing Research, 42(4): 470-482.

[109] Park Y H, Fader P S, 2004. Modeling Browsing Behavior at Multiple Websites[M]. Marketing Science, 23(3):280-303.

[110] Payne J W, Bettman J, Johnson E J, 1988. Adaptive strategy selection in decision making [J]. Journal of Experimental Psychology: Learning, Memory, and Cognition, 14(3): 534-552.

[111] Pei-Yu C, Hitt L M, 2002. Measuring switching costs and the

determinants of customers retention in Internet-enabled businesses: A study of the online brokerage industry[J]. Information Systems Research, 13(3): 255.

[112] Peppers D, Rogers M, 1997. Enterprise one to one[M]. New York: Currency.

[113] Peter J. Danaher, Guy W, 2006. Mullarkey, Skander Essegaier. Factors Affecting Web Site Visit Duration: A Cross-Domain Analysis [J]. Journal of Marketing Research, 43(2):182-194.

[114] Poel D V D, Buckinx W, 2005. Predicting online-purchasing behaviour[J]. European Journal of Operational Research, 166(2): 557-575.

[115] Rahul T,Boatwright P,Mukhopadhyay T et al. , 2004. A Mixture Model for Internet Search-Engine Visits[J]. Journal of Marketing Research,41(5):206-214.

[116] Resnick P, Zeckhauser R, 2002. Trust among strangers in internet transactions: empirical analysis of eBay's reputation system[M]// The Economics of the Internet and E-commerce. Bradford : Emerald Group Publishing Limited.

[117] Resnick P, Zeckhauser R, Swanson J et al. , 2006. The value of reputation on eBay: a controlled experiment [J]. Experimental economics, 9(2): 79-101.

[118] Rochet J C, Tirole J, 2003. Platform Competition in Two-Sided Markets [J]. Journal of the European Economic Association, 1 (4): 990-1029.

[119] Rochet J C, Tirole J, 2006. Two - sided markets: a progress report[J]. The RAND Journal of Economics, 37(3): 645-667.

[120] Roth A E, Ockenfels A, 2002. Last-minute bidding and the rules for ending second-price auctions: evidence from eBay and Amazon auctions on the internet[J]. American Economic Review, 92(4): 1093-1103.

[121] Roth Y, Wänke M, Erev I, 2016. Click or skip: the role of experience in easy-click checking decisions[J]. Journal of Consumer

Research, 43(4):583-597.

[122] Roy A, 1994. Correlates of mall visit frequency[J]. Journal of Retailing, 70(2):139-161.

[123] Rutz O J, Bucklin R E, 2008. Does banner advertising affect browsing paths? clickstream model says yes, for some [R]. Connecticut: Yale University.

[124] Rysman M, 2009. The economics of two-sided markets[J]. Journal of Economic Perspectives, 23(3): 125-43.

[125] Shankar V, Malthouse E C, 2007. The growth of interactions and dialogs in interactive marketing [J]. Journal of Interactive Marketing, 21(2): 2-4.

[126] Sismeiro C, Bucklin R E, 2004. Modeling purchase behavior at an e-commerce web site: A task-completion approach[J]. Journal of Marketing Research, 41(3): 306-323.

[127] Smith M D, Brynjolfsson E, 2001. Consumer decision - making at an Internet shopbot: brand still matters [J]. The Journal of Industrial Economics, 49(4): 541-558.

[128] Spann M, Skiera B, Schäfers B, 2004. Measuring individual frictional costs and willingness-to-pay via name-your-own-price mechanisms[J]. Journal of Interactive Marketing, 18(4): 22-36.

[129] Spann M, Tellis G J, 2006. Does the internet promote better consumer decisions? the case of name-your-own-price auctions[J]. Journal of Marketing, 70(1): 65-78.

[130] Srinivasan S, Rutz O J, Pauwels K, 2016. Paths to and off purchase: quantifying the impact of traditional marketing and online consumer activity[J]. Journal of the Academy of Marketing Science, 44(4):440-453.

[131] Story L, 2007. How many site hits? depends who's counting[N]. New York Times, 10-22.

[132] Supphellen M, Nysveen H, 2001. Drivers of intention to revisit the websites of well-known companies: the role of corporate brand loyalty[J]. International Journal of Market Research, 43(3): 1-12.

[133] Tan RC, 2012. Analysis on China online group purchases problems and cCountermeasure [J]. Journal of Guangdong Industry Technical College, 11(3):68-71.

[134] Ting I H, Clark L, Kimble C, 2005. Finding Unexpected Browsing Behaviour in Clickstream Data to Improve a Web Site's Design [C]. The 2005 IEEE/WIC/ACM International Conference on Web Intelligence: 179-185.

[135] Trusov M, Bodapati A V, Bucklin R E, 2010. Determining influential users in internet social networks [J]. Journal of Marketing Research, 47(4): 643-658.

[136] Trusov M, Bucklin R E, Pauwels K, 2009. Effects of word-of-mouth versus traditional marketing: findings from an internet social networking site[J]. Journal of Marketing, 73(5):90-102.

[137] Webster, Wind, 1972. Organizational buying behavior[M]. New Jersey: Prentice Hall.

[138] Weng Z, 1995. Channel coordination and quantity discounts[J]. Management Science, 41(9):1509-1522.

[139] Weyl E G, 2010. A price theory of multi-sided platforms[J]. American Economic Review, 100(4): 1642-72.

[140] Wright M, Armstrong J S, 2008. The ombudsman: verification of citations: fawlty towers of knowledge? [J]. Interfaces, 38(2): 125-139.

[141] Wu J, Rangaswamy A, 2003. A fuzzy set model of search and consideration with an application to an online market [J]. Marketing Science, 22(3): 411-434.

[142] Ying Y, Feinberg F, Wedel M, 2006. Leveraging missing ratings to improve online recommendation systems [J]. Journal of Marketing Research, 43(3): 355-365.

[143] Yoo C Y, Kim K, 2005. Processing of animation in online banner advertising: the roles of cognitive and emotional responses[J]. Journal of Interactive marketing, 19(4): 18-34.

[144] Zeithammer R, 2006. Forward-looking bidding in online auctions

[J]. Journal of Marketing Research, 43(3): 462-476.
[145] Zhang J, 2006. The roles of players and reputation: evidence from eBay online auctions [J]. Decision Support Systems, 42 (3): 1800-1818.
[146] 韩钰，杜建会，郭鹏飞，2011. 基于 SPSS 的中国网络团购市场发展趋势及其区域差异研究[J]. 经济地理，31(10):1660-1665.
[147] 李双双，陈毅文，2007. 点击流:一种研究网上消费者的新范式[J]. 心理科学进展，15(4):715-720.
[148] 李小玲，李新建，2013. 双边市场中平台企业的运作机制研究评述[J]. 中南财经政法大学学报，(1): 31-37.
[149] 李煜，吕廷杰，郝晓烨，2013. 双边市场理论与应用研究现状综述[J]. 首都经济贸易大学学报，15(2):92-97.
[150] 刘艳彬，袁平，2010. 网站粘性与购买量关系的实证研究-基于消费者手机上网数据的研究[J]. 软科学，(1):131-134.
[151] 宁连举，张莹莹，2011. 网络团购消费者购买选择行为偏好及其实证研究:以餐饮类团购为例[J]. 东北大学学报(社会科学版)，13(5): 404-409.
[152] 谭汝聪，2012. 我国网络团购存在的问题及其解决对策分析[J]. 广东轻工职业技术学院学报，11(3):68-71.
[153] 王有为，2007. 中日两国移动互联网产业对比研究:以日本 I-Mode 和中国移动梦网为例[J]. 科技导报年 25，(2):68-72.
[154] 卫强，阮楠，单艺，2010. 网络展示广告位置对点击率 CTR 影响的实证研究[J]. 信息系统学报，4(1): 43-52.
[155] 中国互联网络信息中心(C)NNIC，2019. 第 43 次中国互联网络发展状况统计报告[EB/OL]. (2019-02-28) [2019-12-23]http://www.cnnic. net. cn/hlwfzyj/hlwxzbg/hlwtjbg/201902/t20190228_70645. htm.

后 记

按照美国学者瓦格纳·卡马库拉(Wagner Kamakura)的观点,市场营销学是在管理学、行为科学(心理学和社会学)和定量分析(数学和计量经济学)这三门较成熟学科的基础之上发展起来的独立学科。因此,市场营销学之中又有三个侧重:侧重管理学的部分称为"营销学理论",侧重行为科学的部分称为"消费者行为学",而侧重营销方法论以及由此衍生出的定量分析方法则称为"营销科学"。

本书是在2006—2015年开始进行营销科学研究中6篇相关文章的基础上,补充了2002—2018年该领域关键研究文献综述,以及由以点击流数据为基础的分析案例汇总而成。数据来源有二:其一为WAP(无线应用通信协议)网站所提供的手机用户上网点击流数据,即第三章与第四章中所使用的数据;其二为中国某大型旅游团购平台提供的在线用户的点击流数据,即第五章、第六章、第七章与第八章中所使用的数据。

本书第一章内容由卢红旭博士撰写,第二章至第八章内容由刘艳彬副教授撰写。笔者在写作过程中还得到了中山大学兼任教授、先锋信息科技有限公司CEO林祯舜博士的指导和帮助,在此致以衷心感谢。

此外,由于数据营销研究在我国尚处于起步阶段,而我们的学识、理论水平有限,书中难免有不尽如人意的地方甚至错误,希望得到专家和读者的批评指正。最后,特别感谢浙江大学出版社丁沛岚编辑给本书提供的宝贵建议和指导。

卢红旭　刘艳彬

2019年10月7日于浙大宁波理工学院

图书在版编目(CIP)数据

网络点击流数据分析与消费者行为研究 / 卢红旭，刘艳彬著. 一杭州：浙江大学出版社，2020. 6
ISBN 978-7-308-20196-4

Ⅰ. ①网… Ⅱ. ①卢…②刘… Ⅲ. ①网络营销一研究 ②消费者行为论一研究 Ⅳ. ①F713. 365. 2 ②F036. 3

中国版本图书馆 CIP 数据核字(2020)第 077418 号

网络点击流数据分析与消费者行为研究
卢红旭　刘艳彬　著

策划编辑 吴伟伟 weiweiwu@zju. edu. cn
责任编辑 丁沛岚
责任校对 陈　翩
封面设计 春天书装工作室
出版发行 浙江大学出版社
(杭州市天目山路 148 号　邮政编码 310007)
(网址：http://www. zjupress. com)
排　　版 浙江时代出版服务有限公司
印　　刷 浙江新华数码印务有限公司
开　　本 710mm×1000mm　1/16
印　　张 10. 75
字　　数 182 千
版 印 次 2020 年 6 月第 1 版　2020 年 6 月第 1 次印刷
书　　号 ISBN 978-7-308-20196-4
定　　价 48. 00 元